# La Paix

## POUR DÉBUTANTS

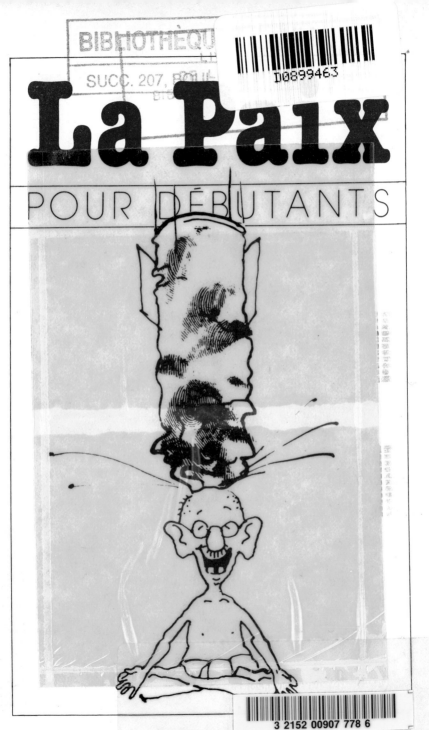

BORÉAL EXPRESS

Titre original : *Peace for beginners.*

© Ian Kellas, 1983, pour le texte et les illustrations.

© Éditions La Découverte, Paris, 1984, pour la traduction française.
Traduit de l'anglais par Camille Aillaud.

© Pour le Canada : édition Boréal Express, Montréal.

ISBN 2-89052-093-5.

Après des études d'histoire à Oxford, Ian Kellas
a été professeur, grand reporter indépendant,
dessinateur et illustrateur. Il a vécu au Népal,
au Moyen-orient, en France et en Afrique.
Mais aux dernières nouvelles il habiterait Londres.

# Table des matières

# le chapitre 1

## traite
## de la nature

# Ce qu'on y trouvera

Si les animaux peuvent avoir une "agressivité innée", ils ne tuent pratiquement jamais de membres de leur propre espèce.

Donc les humains, avec leurs pratiques de meurtre massif, sont différents. Ils ont une possibilité de choix.

L'origine de leurs guerres semble n'être pas tant la "nature humaine" que le "GROUPISME" et le POUVOIR.

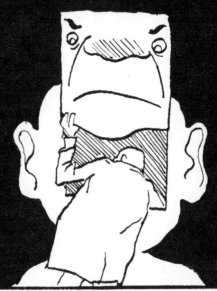

*Il semble qu'il y ait en l'homme beaucoup de nature humaine*

*Dommage que les experts ne s'accordent pas sur ce que c'est*

Certains scientifiques - les éthologues par exemple - comptent sur l'étude du comportement animal pour les éclairer sur les humains. *Sommes-nous, par exemple, "naturellement agressifs"?* ①

Sur l'agression, les scientifiques sont en conflit. On sait que si l'on déclenche un mécanisme quelque part vers la base du cerveau, on ressent immédiatement de l'irritation et le corps se prépare au combat (ou à la fuite). Mais n'est-ce qu'une RÉACTION à une provocation? Ou bien, comme le soutiennent *Konrad Lorenz* et son école,

l'agression est-elle INNÉE chez l'homme, comme un réservoir d'énergie nerveuse qui doit se déverser d'une manière ou d'une autre, avec ou sans provocation? ②

① Voir les notes à la fin du livre

9.

Examinons ce type d'approche parce qu'à première vue il paraît des plus pessimistes = *L'homme est fondamentalement un animal et les animaux sont fondamentalement agressifs.*

De nombreux éthologues estiment que sans agression il n'y aurait pas de survie.

* L'agression construit chez les animaux un ordre hiérarchique qui leur permet de collaborer dans la recherche de la nourriture.

* Les mâles les plus agressifs prennent les meilleures femelles et produisent ainsi les rejetons les plus vigoureux pour la persistance de l'espèce. (Lorenz dit qu'il n'y a pas d'amour sans agression).

* L'agression espace la population d'une même espèce et préserve ainsi son environnement.

(Enfin, il paraît que l'agression, c'est marrant. Des souris traverseront en courant un labyrinthe si elles savent qu'une bagarre les attend à l'autre bout). Jusqu'ici tout va mal...

# Tu ne tueras point

*un membre de ta propre espèce*

Mais la nature n'est pas qu'un bain de sang car, s'il est vrai que l'agression est *innée*, elle est généralement tout à fait *inoffensive*.

①

Il existe des freins naturels à l'agression:

* Les animaux sont par nature aussi bien dociles qu'agressifs.

* Il semble qu'il y ait un tabou naturel et universel à l'égard du meurtre de membres de sa propre espèce.

Ainsi, il y a dans la nature beaucoup d'agression, mais très peu de tuerie (tuer pour se nourrir est autre chose).

~ Les piranhas, avec leurs dents effilées comme des rasoirs, ne se mordent pas entre eux; ils esquissent des parades avec leur nageoire caudale.

~ Les crotales n'empoisonnent pas les crotales, ils se cognent la tête jusqu'à ce que l'un des deux abandonne ou ait son compte.

~ Les hippopotames écartent les intrus de leur territoire au moyen de petits tas d'excréments.

~ Les rouges-gorges se contentent de chanter méchamment.

En d'autres termes, les bêtes sauvages se traitent mutuellement de façon plutôt civilisée et ça n'aide guère à expliquer pourquoi les humains sont si brutaux.

# Le groupisme

Les humains sont les seules créatures qui transgressent souvent le tabou du meurtre et se massacrent systématiquement en grand nombre. *Pourquoi?*

Pour une guerre sanglante il faut **2** choses: des armées et des armes. Ou, plus généralement: des *Groupes* et de la *Puissance*.

## Les humains sont des GROUPIES.

Beaucoup d'animaux aussi sont des "groupies"! Ils doivent travailler ensemble à rechercher leur nourriture. Ils se répartissent en groupes séparés afin d'éviter la surpopulation et peut-être aussi d'accroître les possibilités d'évolution de l'espèce dans son ensemble.

Mais, contrairement aux animaux, les humains exagèrent leurs différences en inventant non seulement des signes extérieurs de groupes exclusifs (langue, coutumes, habillement). mais aussi des convictions intimes qui œuvrent à les séparer les uns les autres.

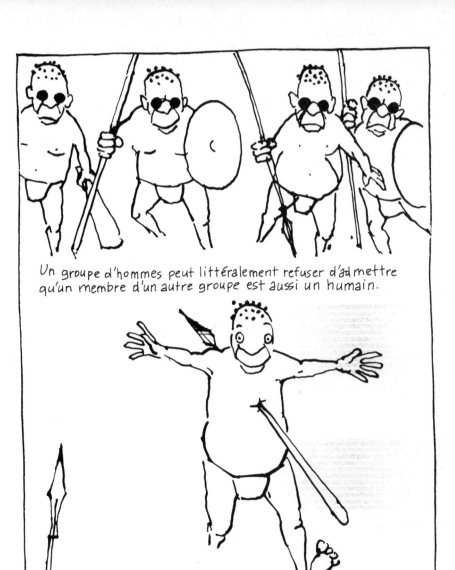

Un groupe d'hommes peut littéralement refuser d'admettre qu'un membre d'un autre groupe est aussi un humain.

Ce qui peut suffire à abolir le tabou naturel du meurtre à l'intérieur de la même espèce.

Mais vous ne pouvez tuer un grand nombre de gens que si vous avez la PUISSANCE matérielle pour le faire.

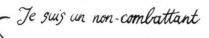

## — Je suis un non-combattant

Les tribus humaines primitives, comme certaines tribus animales – les fourmis en sont un bon exemple – mènent, contre d'autres tribus de la même espèce, de savantes guerres d'agression qui toutefois vont très rarement jusqu'à la mort. La mort ne peut arriver que lorsqu'on découvre ce que, par commodité, nous appellerons la *puissance*. Ensuite, elles inventent des armes meurtrières et commencent à se combattre pour de la nourriture, pour des femmes étrangères, pour se distraire et enfin pour des philosophies. ①

Une règle fondamentale des anthropologues : plus une société humaine est matériellement développée, plus ses guerres sont sanglantes.

Beaucoup de "sauvages" – tels certains Esquimaux, Bushmen et aborigènes – s'en sont tirés pendant des milliers d'années sans massacrer d'humains.

∞ Les Tasaday semblaient même n'avoir aucune arme, quand ils furent découverts récemment dans la jungle des Philippines.

∞ Les hommes de la tribu des Mru font appel à un médiateur pour décider, dans leurs querelles, qui aurait été le vainqueur s'ils s'étaient battus. Et ils acceptent avec bon sens le verdict.

Mais la plupart de ces aimables sociétés ont été balayées par leurs voisins plus "civilisés". Celles qui subsistent sont de petites cultures isolées avec très peu de puissance matérielle.

Ainsi, si les hommes sont biologiquement proches des animaux, il demeure cependant d'importantes différences : [1]
Les humains ont :

~ Une tendance particulièrement marquée à se distinguer des autres humains en formant des GROUPES exclusifs.

~ Une étonnante aptitude à organiser et accumuler de la PUISSANCE.

~ Et aussi, une certaine capacité de CHOIX que les animaux n'ont pas.

Ce livre traite de certains de ces choix

On peut proposer une petite formule, pour commencer :

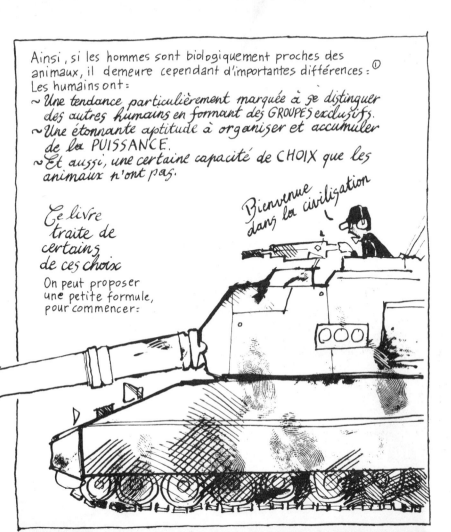

Bienvenue dans la civilisation

GROUPISME + PUISSANCE → GUERRE

(Voir d'autres formules pages 29 et 97).

17.

# le chapitre 2

## traite
## de la religion

## Ce qu'on y trouvera:

### L'unité est le fondement de la paix

Les peuples croyants ont cherché l'unité dans l'idée d'un Tout ou d'un Dieu unique et ont pensé l'atteindre par le sacrifice.

Bouddhisme et christianisme se sont acquis la plus grande réputation comme "religions de paix".

Les humains ont dépensé beaucoup d'énergie à se scinder en groupes et à se massacrer. Mais ils ont aussi recherché une certaine UNITÉ entre eux-mêmes et en toutes choses.

*L'unité est essentielle à la paix,* car là où il y a division il ne peut y avoir que conflit.

Il y a 2 grandes interprétations religieuses de l'unité:
si vous êtes un prophète du Moyen-Orient, vous aimez
à déclarer qu'un UNIQUE Dieu règne sur le monde. Si vous
êtes un sage indien vous dites que Tout est UN.

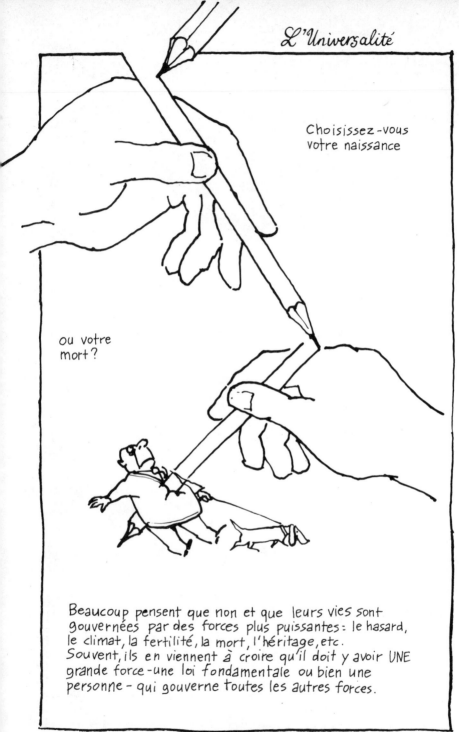

Choisissez-vous
votre naissance

ou votre
mort?

Beaucoup pensent que non et que leurs vies sont
gouvernées par des forces plus puissantes: le hasard,
le climat, la fertilité, la mort, l'héritage, etc.
Souvent, ils en viennent à croire qu'il doit y avoir UNE
grande force - une loi fondamentale ou bien une
personne - qui gouverne toutes les autres forces.

En termes de mythes, les dieux se combattent et intriguent jusqu'à ce que l'un d'entre eux prenne le pouvoir absolu ① Ce dieu unique exige la fidélité des hommes par-delà leurs chefs et leurs dieux tribaux.

C'est un des moyens pour l'UNIVERSALITE de surmonter le "groupisme". L'unité peut vaincre la division.

Où êtes-vous maintenant ? Dans votre tête ? Alors, comment voyez-vous ces mots ? Sur la page ? Dans vos yeux ? Vous changez constamment mais vous pensez être tou-                    jours le même.
Pourquoi ?

Je me tire de
°° là

Ces mots et ces dessins peuvent avoir un sens.
Ils sont tous différents et distincts les uns des autres.
Mais vous pouvez maintenant percevoir qu'ils ne sont réellement que des traces d'encre noire sur du papier blanc.

Des philosophes du monde entier – mais particulièrement de l'Inde[①] – on dit qu'en se concentrant suffisamment on réalise que se penser différent et séparé du reste du monde n'est qu'une perception superficielle.

L'aspect du monde est toujours changeant et différent, mais fondamentalement, le monde n'est qu'*Un* – au-delà du temps, en tous lieux, infini.

Pour voir cette vérité plus haute, disent-ils, il faut cesser d'être hypnotisé par des différences illusoires.

Si vous y arrivez, c'est encore un moyen pour l'unité – l'*UNIVERSALITÉ* – de surmonter la division et le *GROUPISME*

Quelque chose – disons l'**ego**–affirme que je suis distinct du reste du monde. Mon corps s'en soucie peu– il est et sera toujours fait de la même matière (un peu réagencée certes...) que le monde. Mais *Ego* a peur de disparaître parce que je dois mourir.

Ego s'alarme – alors, il s'accroche à tout ce qui le fortifiera : pouvoir, plaisir, argent, gloire...

Selon les sages, c'est futile et un rien comique. L'ego sera toujours effrayé parce que la peur vient uniquement de la séparation (si tout est Un, il n'y a rien d'autre par quoi être effrayé). Et qui fait la séparation ? L'Ego! Plus il est fort, plus il est isolé, plus il est menacé – parce que la mort le guette toujours.

## La quête du pouvoir mène à la mort...

Avec l'ego, il ne peut y avoir de paix réelle, parce que sa nature même le dresse contre tout le reste.

Aucun argument politique n'y changera rien, dit le philosophe indien. Le monde tel que vous le voyez normalement ne sera jamais en paix, parce que, tel que vous le voyez normalement, il n'est que diversité et changement.

Vous ne trouverez une paix véritable qu'en réalisant qu'il y a une unité plus haute.

Pour cela, vous devez être prêt à abandonner votre ego. Comment ?
Il existe une vieille technique, appelée le *sacrifice*.

Sacrifice ⟫→ Paix

Le sacrifice est en 2 parties :
    laisser aller (le "détachement")
  & donner   (l'"amour" si l'on veut)

Les hommes cherchent à participer à quelque chose de plus grand qu'eux-mêmes en s'y sacrifiant. Ils peuvent sacrifier leur énergie à leur tribu ou à une cause et se découvrir braves et forts.
Mais ils ne sont pas encore tout à fait rassurés parce que leur groupe peut être battu (l'égoïsme s'est étiré jusqu'à englober la tribu mais n'a pas été complètement extirpé).

Ce n'est que lorsque vous vous sacrifiez VOUS-même à quelque chose de VASTE qui ne peut être vaincu - Dieu ou le Tout - que l'ego perd son emprise sur vous, vous vous dégagez de la séparation et *la paix est là*.
Voilà la théorie

Ces idées apparaissent, sous une forme ou une autre, dans la plupart des religions, mais elles ont surtout été popularisées par un petit prince népalais (appelé Bouddha) et par un jeune charpentier palestinien (appelé Jésus) auxquels on attribue la fondation de religions de "paix".

Ainsi nous inventons une autre formule à ajouter à la première (qui était : groupisme (division) + pouvoir → guerre)

**UNIVERSALITE (unité) + SACRIFICE → PAIX**

(pour d'autres formules, voir pages 17 et 97)

La vie d'un prince, dans le nord de l'Inde il y a quelque deux mille cinq cents ans, était plutôt douillette et le jeune *Siddhartha Gautama*, plus connu sous le nom de

# BOUDDHA

était platement heureux (c'est ce qu'on raconte) jusqu'au jour où il vit un vieillard, un ascète, un estropié et un ① cadavre et réalisa que le monde n'était pas tout bon tout beau. Il quitta aussitôt son palais et partit chercher la réponse à la

VIE

auprès de yogis vivant dans la forêt. Ils lui enseignèrent probablement la vieille vision hindoue du monde :

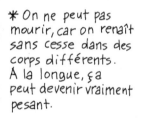

* On ne peut pas mourir, car on renaît sans cesse dans des corps différents. À la longue, ça peut devenir vraiment pesant.

* Vous vous illusionnez si vous pensez être distinct du reste du monde. Tout est lié. Vous ne pouvez frapper quoi que ce soit sans vous frapper vous-même — c'est le **Karma,** la loi de la cause et de l'effet.

* Sortir de ce cycle fastidieux des naissances successives est un rude labeur, s'étalant probablement sur plusieurs vies. Il exige l'accomplissement scrupuleux de toutes les tâches propres à la situation sociale dans laquelle vous êtes né.

* L'espérance ultime est d'occuper une situation permettant de comprendre que votre âme est identique à l'Âme Universelle et d'être ainsi libéré.

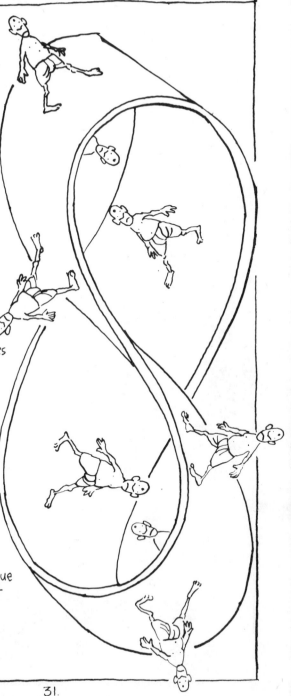

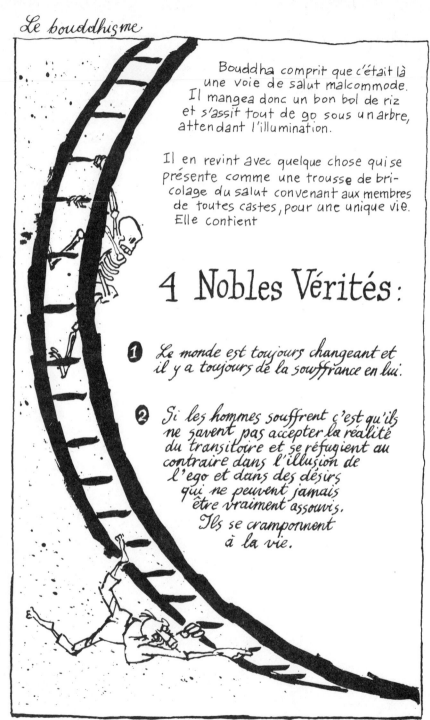

Bouddha comprit que c'était là une voie de salut malcommode. Il mangea donc un bon bol de riz et s'assit tout de go sous un arbre, attendant l'illumination.

Il en revint avec quelque chose qui se présente comme une trousse de bricolage du salut convenant aux membres de toutes castes, pour une unique vie. Elle contient

# 4 Nobles Vérités :

**1** *Le monde est toujours changeant et il y a toujours de la souffrance en lui.*

**2** *Si les hommes souffrent c'est qu'ils ne savent pas accepter la réalité du transitoire et se réfugient au contraire dans l'illusion de l'ego et dans des désirs qui ne peuvent jamais être vraiment assouvis. Ils se cramponnent à la vie.*

**❸** La souffrance est un mal qui peut se guérir en déracinant ces désirs et avec eux l'égocentrisme.

**❹** Pour guérir, il faut observer une discipline sévère, mais pas impraticable :

## La Voie à huit branches :

1. Une juste compréhension
p.ex. Voir clairement le problème.

2. Une pensée juste
décider que vous voulez vraiment guérir.

3. Une parole juste
parler sincèrement et avec bienveillance.

4. Une action juste *(voir page suivante)
agir pour la guérison.

5. Une vocation juste
faire un travail qui ne soit pas en contradiction avec vos buts.

6. Un effort juste
suivre la cure à un rythme possible à maintenir.

7. Une juste attention
rester constamment vigilant.

8. Une juste concentration
apprendre la méditation pure.

\* L'action juste (voir page précédente) implique la pratique

de l'***Ahimsa*** - non-violence.

qui signifie davantage que le commandement: Tu ne
tueras point. C'est quelque chose comme = ne pas même
vouloir nuire en aucune manière à d'autres créatures.

Les raisons de pratiquer l'*Ahimsa* se révèlent strictement pratiques:

1. Tout d'abord, la violence est presque toujours vaine parce que le **conflit réel est à l'intérieur de vous-même, pas à l'extérieur.** Il ne peut y avoir de vie sans mort, de bien sans mal. Si vous ne pouvez affronter la réalité de cet équilibre naturel, vous ne ferez que vous rendre malheureux. "*Ce n'est pas par la colère que les colères de ce monde s'apaisent*", a dit Bouddha.

2. A cause du *karma* (voir page 31), la pratique de la violence est susceptible d'avoir sur vous-même de mauvais effets.

Le monde est comme il est, dit la religion indienne. S'il vous paraît être un gâchis, c'est votre faute, pas celle du monde. Changez de point de vue en vous débarrassant de vos désirs égoïstes. Personne d'autre ne peut le faire pour vous. Ainsi la politique est, spirituellement parlant, une diversion. Elle n'intéressait pas le bouddhisme des origines. *"Va seul comme le rhinocéros"*, conseillait Bouddha. *"Une voie conduit aux biens terrestres; une toute autre voie conduit au Nirvana* (délivrance spirituelle)."

Le bouddhisme tend à fournir des solutions PERSONNELLES plutôt que POLITIQUES à la violence :

*Vainquons la colère par la douceur.*
*Vainquons le mal par le bien.*
*Conquérons l'avare par un présent*
*et le menteur par la vérité.*

Pour dominer la haine, cultivez le **metta** - la bienveillance affectueuse. Méditez : concentrez-vous sur un amour rayonnant vis-à-vis de vous-même, puis d'un intime, d'une relation, d'un ennemi, et enfin de tous les vivants.

Pour dominer le ressentiment, voici la marche à suivre :

**1.**

Pense au précepte: "La haine n'est jamais anéantie par la haine en ce monde" & souviens-toi que chacun est promis à la mort.

**2.**

Joli crochet du gauche

Pense aux qualités de celui qui t'a frappé.

**3.**

Souviens-toi: les coups n'entament pas le moi intérieur-ce que fera la rancœur

**4.**

"Si tu craches contre le vent, le crachat souille ton propre visage": (Bouddha)

**5.**

Rappelle-toi la maîtrise de Soi-même dont faisait preuve Bouddha.

**6.**

Maman!

"Moines, il est difficile de trouver un être qui n'ait été auparavant ta mère, ton père, ton frère..." [1]

**7.**

Demande-toi: Contre quoi suis-je en colère?-ses cheveux? les éléments qui composent ses cheveux?...

**8.**

La paix pour débutants

Fais un geste constructif, p. ex. offre quelque chose à ton agresseur.

*Première grande ligne: "Je m'abstiendrai de tuer quelque créature vivante que ce soit, petite ou grosse."*

**Mahavira**, un autre hérétique de l'hindouisme, qui parcourut l'Inde à la même époque que Bouddha, devint le fondateur de la religion **Jaïn**.

**L'Ahimsa** - la non-violence - tient une grande place dans le manifeste du salut de Mahavira. Selon lui, le principal problème est: comment dégager l'âme (jiva) de la matière (ajiva). Toute action tend à les mêler, mais la violence les lie et les noue indissolublement.

Toute âme - même celle d'un moustique - est égale à la nôtre, et doit donc être traitée avec le même tact et la même mansuétude.

En outre, le principal but de la vie est la recherche de la Vérité. Ainsi que l'enseigne la fameuse parabole des aveugles et de l'éléphant, chacun voit la vérité sous un angle différent. Il est donc absurde de tuer quelqu'un parce qu'on n'est pas d'accord avec lui.

Les **Jaïns** ont probablement, plus que tous autres, porté la non-violence à son extrême. Les stricts observants vont nus, à l'exception d'un voile sur la bouche afin d'éviter d'avaler fortuitement des insectes. Ils cuisinent sans feu, de crainte de griller des mouches.

C'est une corde

Un tronc d'arbre

Une grotte

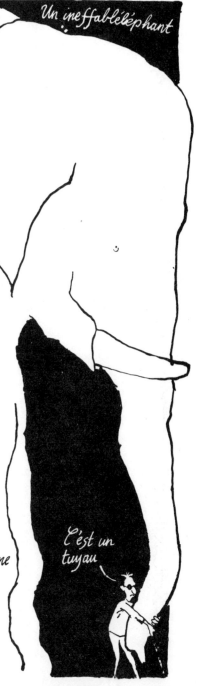

Un ineffabléléphant

Ils ne renoncent pas seulement à la chasse, mais à l'agriculture. (Il y a eu aussi une lignée de féroces guerriers Jaïns ; cette communauté a aujourd'hui la réputation de produire des banquiers et des hommes d'affaires avisés).

Selon la plupart des Sages indiens, faire son salut est une démarche spécialisée, très difficile si l'on est pas un professionnel à plein temps. Mais, mettant de l'eau dans son vin, le jaïnisme a émis une éthique de la non-violence *domestique* :

~ Ne tue aucun animal si tu peux l'éviter.
~ Ne commets ni suicide ni avortement.
~ Ne considère personne comme intouchable et ne traite personne avec cruauté.
~ Ne t'engage dans aucune action ni organisation violente.
(En pratique, il leur serait permis de participer à une guerre défensive, mais pas d'écraser un moustique).

J'ai résolu de renoncer même à l'austérité !

C'est un tuyau

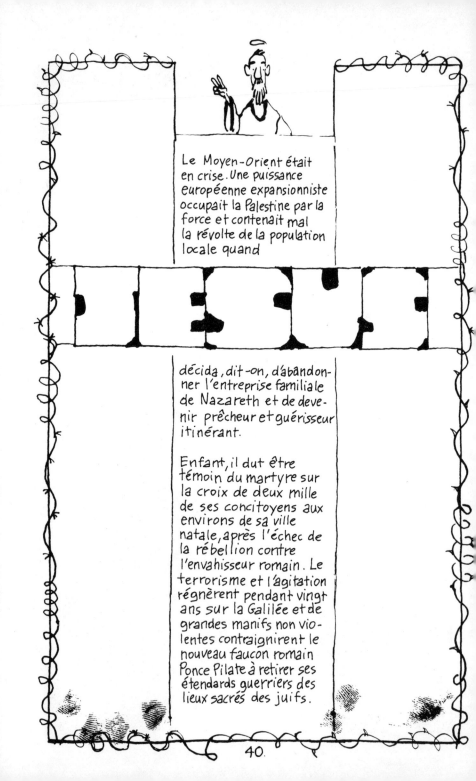

Le Moyen-Orient était en crise. Une puissance européenne expansionniste occupait la Palestine par la force et contenait mal la révolte de la population locale quand

# JESUS

décida, dit-on, d'abandonner l'entreprise familiale de Nazareth et de devenir prêcheur et guérisseur itinérant.

Enfant, il dut être témoin du martyre sur la croix de deux mille de ses concitoyens aux environs de sa ville natale, après l'échec de la rébellion contre l'envahisseur romain. Le terrorisme et l'agitation régnèrent pendant vingt ans sur la Galilée et de grandes manifs non violentes contraignirent le nouveau faucon romain Ponce Pilate à retirer ses étendards guerriers des lieux sacrés des juifs.

La carrière de Jésus fut foudroyante. Il attirait des foules immenses et certains voulurent le nommer roi des Juifs. Il s'éleva avec mordant contre les institutions①

Toutefois son destin politique tourna court. Il fut arrêté sur la foi d'une accusation mensongère et exécuté par le gouvernement militaire deux ans à peine après ses débuts publics. (Ce qui ne l'empêcha pas d'être suivi et vénéré comme le Fils de Dieu par des milliards de gens pendant des milliers d'années).

Jesus, quelle est votre position vis-à-vis de l'occupation romaine ? Devons-nous payer des impôts à la machine de guerre impérialiste ?

"Rendez à César ce qui est à César et à Dieu ce qui est à Dieu." ①

Parmi tes disciples, y'a au moins un membre de la résistance clandestine, mais aussi un Quisling② Je comprends pas, tu es de quel côté ? Tu veux qu'on collabore en faisant du travail forcé ?

Si on vous force à faire mille pas, faites-en deux mille③

Excusez-moi, êtes vous le Messie, le Libérateur ou non ? Le peuple peut-il compter sur vous pour extirper l'impérialisme et établir une société nouvelle sur cette terre sainte ?

43.

Tu nous demandes d'être parfaits

Soyez parfaits comme votre Père céleste est parfait[1]

Si quelqu'un veut me suivre, qu'il renonce à lui-même et prenne sa croix[2]

Tu veux dire accepter la torture et la mort ? Et ensuite ? Le mouvement disparaît, nos familles meurent de faim...

Quel avantage auras-tu à gagner le monde entier, si tu perds ton âme ?[3] Tu ne peux servir Dieu et Mammon[4]. Ne t'inquiète pas de ce que tu auras à boire et à manger[5]. Garde les yeux fixés sur le royaume de Dieu et tout cela te sera donné par surcroît.[6]

Mais, Dieu est-il si aimable? Laisse-moi te rappeler ce qu'Il dit dans le Deutéronome: "J'enivrerai mes flèches de sang et mon épée se repaîtra de chair," [7] Etc, etc.

Dieu a tant aimé le monde qu'il a donné son fils unique pour que celui qui croit en Lui ait la vie éternelle. [8]

Et alors?

Je vous dis de vous comporter autrement:
Aimez-vous les uns les autres. [9]

Jésus tu te prétends pacifiste
Alors pourquoi, quand
on t'a arrêté, l'un de tes
copains s'est mis à ferrailler
avec son épée ?①
Luc raconte même que tu as
dit:

*Celui qui n'a pas d'épée,
qu'il vende son manteau
pour en acheter une.②*

On dit aussi que tu as
collaboré avec un officier
romain③ Tu étais nonviolent
quand tu as pris un fouet
pour chasser les marchands
du temple ?④
Tu as dit: *Je ne suis pas
venu apporter la paix,
mais le glaive.⑤* C'est une
prédiction, ou quoi ? C'est pas
très clair.

*Ceux qui vivent par l'épée
périront par l'épée.⑥
Heureux ceux qui font
oeuvre de paix car ils
seront appelés
fils de
Dieu.⑦*

?

*Ne résiste
pas au
méchant.⑧*

46.

C'est plus de la paix, c'est de la reddition.

Si quelqu'un te gifle sur la joue droite, tends-lui aussi l'autre [9]

Je vous laisse en paix, je vous donne la paix, mais pas comme la donne le monde. [10]

# le chapitre 3

traite
de la politique religieuse

# Ce qu'on y trouvera :

## Comment les idéaux religieux fonctionnent-ils en politique ?

Les pacifistes absolus ont toujours été d'infimes minorités se tenant à l'écart de la politique. D'ordinaire, les experts religieux et politiques s'accordent, dans le respect mutuel de leurs voies différentes, sur des règles de limitation de la guerre, pas sur sa suppression.

Toutefois, la religion domine parfois l'Etat-ou vice versa - et l'on a des croisades, ou la guerre totale.

La politique de la Paix Céleste

**Problème:**

*La religion parle de sacrifice*
La politique parle de pouvoir

Autre problème: le sacrifice apporte parfois le pouvoir.

Tous deux, bouddhisme et christianisme
    ont débuté comme de minuscules
    sectes hérétiques dénonçant le
    pouvoir matériel,
    et se sont vus investis du pouvoir quand
    ils furent lancés comme religions
    mondiales par les dirigeants de vastes
    empires: *Ashoka* en Inde (IIIᵉ s. av. J.-C.)
    et l'empereur romain *Constantin*
    (IIIᵉ s. apr. J.-C.)

*Et le monde appartiendra
aux humbles-si les
autres sont d'accord?*

Il y a fondamentalement 3 issues à cette contradic-
tion. Elles apparurent dans la chrétienté à peu près dans cet ordre:
    *Le pacifisme*
    *La destinée*
    *La croisade*

# LE PACIFISME

Les grands principes du pacifisme chrétien semblent être :

1. Le pouvoir est sans importance.

2. Les préceptes de Jésus s'adressent à tous, pas seulement aux religieux fervents.

3. Vous ne pouvez pas aimer réellement quelqu'un que vous étripez.

∞ Une théorie qui a pris ultérieurement une place importante (chez les Témoins de Jéhovah, p. ex.) c'est que l'Armageddon adviendra de toute façon. Alors les élus de Dieu devront combattre pour le Christ, mais pas avant.

∞ Le "caractère sacré" de la vie n'a pas été en soi un principe important pour les pacifistes chrétiens. Toutefois, pour quelques petites sectes, l'effusion de sang est tabou.

Les premiers chrétiens avaient des esclaves et des propriétés privées, mais il n'y a pas trace de soldats chrétiens jusqu'à environ 170 apr. J.-C.

*Le fils de la paix auquel il ne siérait même pas de se rendre en cour de justice s'engagerait-il dans une bataille?"* disait le théologien Tertullien (200 apr. J.-C.)

En 295, un jeune conscrit, Maximilianus déclara :

*Je ne peux servir comme soldat. Je ne peux faire le mal. Je suis un chrétien.*

*Tu dois en perdre la tête, camarade.*

Effectivement, il eut la tête tranchée.

Le christianisme devint la religion officielle de l'Empire romain en 313 apr. J.-C. (il y avait alors déjà quantité de chrétiens dans l'armée) et, dès la fin du siècle, il fallut être chrétien pour entrer dans l'armée.

Pendant près de mille ans, le pacifisme fut balayé de la chrétienté par le christianisme officiel et par les invasions barbares. Les ecclésiastiques furent quasi les seuls objecteurs de conscience (qui en conscience exhortaient chacun à combattre).

*Tu ne tueras point*

*Va et extermine ces saligauds !*

Le pacifisme fut réintroduit dans la chrétienté moins par la doctrine chrétienne que par la croyance zoroastrienne en un monde mauvais, rapportée des croisades au Moyen-Orient par une secte hérétique, les *Cathares*. Ils étaient contre le sexe, les oeufs, le fromage et la violence et furent massacrés par le pape au XIIIᵉ siècle.

Mais certains de leurs principes pacifistes furent repris par d'autres sectes dissidentes - comme *les albigeois, les vaudois, les lollards et les hussites* - qui entreprirent un retour à la Bible et se rebellèrent contre la papauté décadente de la fin du Moyen Age.

"Il n'y a pas de pouvoir sans cruauté.

L'ordre temporel de la force et la doctrine d'amour du Christ sont très éloignés l'un de l'autre"

*Hérétique!*

dit Petr Chelcicky, qui fut au XVᵉ siècle à la tête d'une secte hussite de Bohême.

Au début du XVIᵉ siècle, de nombreuses régions d'Europe s'étaient dégagées de l'empire papal pourrissant, conquises par les rebelles protestants. Ce violent bouleversement suscita des sectes indépendantes qui voulurent vivre comme les premiers chrétiens, dans l'esprit du Sermon sur la Montagne. C'était dangereusement subversif car ils ne dénonçaient pas seulement la corruption de la papauté, mais celle de tout pouvoir d'Etat-y compris celui des nouvelles nations protestantes.

# Le pacifisme

La plus spectaculaire manifestation du pacifisme naquit, vers 1520, de l'opposition au gouvernement zurichois du protestant Zwingli. Les pacifistes anabaptistes l'accusèrent de trop de compromis avec le pouvoir séculier.

"Les vrais croyants chrétiens sont des brebis parmi les loups, des brebis pour l'abattoir. Ils doivent être baptisés dans l'angoisse, le malheur, l'affliction, la persécution et la mort"

dit Conrad Grebel un des premiers prédicateurs anabaptistes

Un nombre étonnant de gens choisirent d'être de vrais croyants. Des milliers d'anabaptistes furent noyés et brûlés pour leur peine. Les survivants conçurent une vision très sombre de la société et des gouvernements et s'en tinrent le plus possible à l'écart.

Ça pouvait être compliqué. Un groupe de paysans anabaptistes à qui le comte de Lichtenstein avait offert du travail décidèrent d'y renoncer quand il leur promit généreusement de les protéger contre leurs ennemis.

56.

Jean de Leyde

Impatients de la fin du monde, certains anabaptistes, conduits par un tailleur nommé *Jean de Leyde*, prirent la ville de Münster en 1534. Ils voulurent en faire la Nouvelle Jérusalem, furent assiégés par l'évêque catholique évincé, instaurèrent la polygamie, décapitèrent les récalcitrants et les médisants et furent anéantis après une orgie de meurtre et de sexe. Cela fit quelque tort à la cause anabaptiste.

Mais le courant anabaptiste pacifiste le plus pur survécut dans des rameaux tels que le mennonisme et l'hutterisme, dont de nombreux membres émigrèrent d'abord en Russie, puis en Amérique du Nord.

Ceci est à prendre à la lettre

Ne résiste pas au méchant ?

Ne résiste pas au méchant

Descendant indirect de la tradition anabaptiste, le célèbre romancier *Léon Tolstoï* devint un vieillard acariâtre, anarchiste et pacifiste véhément.

Vers 1870, il défendit la cause des *Dukhobors*, une secte russe (ils s'installèrent ensuite au Canada), qui démontrait son pacifisme en allant nu et en brûlant ses maisons.

*J'ai entendu parler d'agression toute nue, mais là c'est ridicule !*

"*Le gouvernement est violence. Le christianisme est bonté, non-résistance et amour. Ainsi le gouvernement ne peut être chrétien et celui qui veut être chrétien ne doit pas servir le gouvernement*" (p.ex. aller en justice, payer des impôts ou coopérer avec la police).

Tolstoï disait que mieux valait être tué par un fou que le priver de sa liberté. Il soutenait que la morale d'amour du Nouveau Testament devait s'appliquer aussi à la chose publique. De quel droit, demandait-il, certaines personnes (les gouvernants) s'arrogent-elles seules le droit d'infliger la violence ?①

*Mais je suis anarchiste, je ne crois pas à la prison*

Tolstoï ne parvint pas à provoquer l'effondrement de l'odieux régime tsariste, mais il eut une grande influence sur le mouvement anarchiste (*en supposant qu'il existe*) et sur Mohandas Gandhi (voir plus loin).

Un nouveau type de pacifisme non anarchiste fut créé en Angleterre par une secte de paysans : [1] les *quakers* (ils devinrent ensuite de respectables piliers de l'establishment). Ils furent au départ à l'aile gauche de la sanglante révolte de Cromwell contre Charles Ier, mais ils se tournèrent vers le pacifisme à la fin des années 1650, quand leur espoir politique d'une Nouvelle Jérusalem fut déçu.

*George Fox*, leur fondateur, conseillait de :

*"Parcourir gaiement le monde en répondant à ce qui en chaque homme est Dieu"*

ce qui, entre autres, signifiait ne pas le tuer.

Fox se vantait de *"vivre en vertu de la vie et de la force qui écartent l'occasion de toute guerre,"* et il avertissait *"ceux qui pratiquaient les armes corporelles, qui luttaient avec la chair et le sang, qu'ils sacrifiaient les armes spirituelles."* Néanmoins, la plupart des quakers reconnaissaient la nécessité d'un gouvernement armé. Des quakers furent membres du parlement anglais et même ministres.

*Paix, mon frère*

Quand, en 1681, le quaker *William Penn* fonda la colonie de Pennsylvanie, il conclut un accord de paix tacite avec les Indiens (heureusement très pacifiques).

En fait, la colonie était dirigée par un gouverneur anglais et des colons anglicans plutôt belliqueux; elle ne fut jamais entièrement pacifiste, mais ses relations avec les Indiens demeurèrent exceptionnellement amicales. Les quakers, qui étaient majoritaires à l'Assemblée, parvinrent à éluder le vote des subsides de guerre en dénonçant la responsabilité de la Couronne jusqu'à ce qu'en 1756 ils démissionnent tous.

Après qu'eurent cessé en Angleterre les persécutions brutales, les quakers jugèrent la politique d'un point de vue plus optimiste. Ils considérèrent la guerre non tant comme un mal que comme un GASPILLAGE, et furent à l'origine des mouvements modernes pour la paix qui naquirent au début du XIXᵉ siècle.

# LA DESTINÉE

Quand une secte religieuse exigeante – telle que le bouddhisme et le christianisme des origines – doit répondre non seulement de ses propres zélateurs mais de chacun dans la société, elle tend à se rabattre sur un système d'éthique pluraliste- ou de *destinées*.

Ici Dieu — c'est une erreur

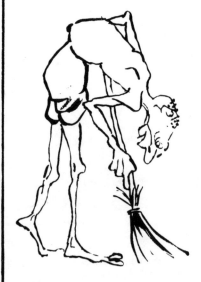

çoudra

vaiçya

En Inde, il était admis que tous ne soient pas soumis aux mêmes règles morales. Il faut plusieurs vies pour être enfin délivré de cette chiennerie de monde, les gens sont donc à des stades différents de développement spirituel.

A chaque stade correspond une conduite. Au départ, 4 castes fondamentales, chacune ayant sa destinée :
  *les çoudra : travailleurs manuels intouchables*
  *les vaiçya : artisans, commerçants et fermiers*
  *les kshatriya : guerriers et gouvernants*
  *les brahmanes : prêtres.*
La délivrance spirituelle n'est pas l'unique but légitime de la vie humaine et il y a d'ailleurs diverses manières d'y parvenir.
        L'important dans la tradition indienne est que
    si vous    êtes né kshatriya vous soyez un valeureux
guerrier    et ne singiez pas les    brahmanes en
        vous comportant    en pacifiste.

| kshatriya | brahmane |

S'il n'y avait qu'une règle dans la religion
indienne, ce serait d'accomplir sa propre
destinée (pas celle d'un autre) avec détachement - c.a.d. pour elle-même et non pour
la récompense qu'elle peut apporter.

C'est ce que Krishna - Dieu incarné - dit à
Arjuna, grand roi guerrier qui perd le goût
de la guerre lorsqu'il se trouve en face des
hordes de ses propres parents et amis.
(C'est raconté dans la *Bhagavad Gita*
dont beaucoup pensent qu'elle traite plus
d'un combat spirituel que d'un combat
réel).

*Aie à cœur ta tâche*

*mais jamais sa récompense.*

*Ne travaille pas pour une récompense*

*mais ne cesse jamais de travailler*

Krishna avance alors des arguments pour convaincre Arjuna de tuer, même s'il est las du sang et du pillage :

Pense à ton devoir et ne fléchis pas. Il n'est pas plus grand bien pour un guerrier que de combattre dans une juste guerre...
Prépare-toi à la guerre la paix dans l'âme. Sois en paix dans le plaisir et la peine, dans le gain et la perte, dans la victoire ou la défaite. Dans cette paix, il n'y a pas de crime.

Les armes ne peuvent frapper l'Esprit et le feu ne peut le brûler...
L'Esprit qui est en tous les êtres est immortel en eux tous. Cesse de te tourmenter de la mort de ce qui ne peut mourir.

Même si tu ne combats pas, tous les guerriers qui te font face mourront.
Par la fatalité de leur karma, je les ai condamnés à mourir.

Sois simplement l'instrument de mon œuvre

**BOUDDHISME**

Le manuel sacré des dirigeants indiens - l'*Arthasastras* (probablement écrit vers 300 av. J.-C.) indique qu'ils peuvent user de moyens peu scrupuleux pour conserver le pouvoir et s'enrichir *(mais pas s'engager dans un impérialisme agressif)*. Il faut un certain ordre social pour que chacun puisse s'adonner à la spiritualité.

*"Les rois sont comme des serpents venimeux. Ne les irrite pas. Le mieux est de n'avoir aucun contact avec eux."*

dit Bouddha.

Le *bouddhisme* fut d'abord la sévère technique spirituelle d'une élite monacale, peu préoccupée de l'ordonnance de l'ensemble de la société.
Mais il fut repris et réaménagé par *Ashoka* en idéologie d'un Etat-providence paternaliste. Il installa un despotisme pacifique, mais non pacifiste *(il avait une armée)*.

Dans certaines parties du monde bouddhiste - notamment au Tibet - les gouvernants furent ensuite considérés aussi comme des chefs spirituels. Mais il y avait généralement un compromis entre Etat et religion, moines et gouvernants se mêlant peu de leurs vocations respectives.

Ainsi, en pratique, les bouddhistes se rabattaient en politique sur la vieille théorie indienne des destinées.

## LE CHRISTIANISME

Les *chrétiens* ne se libérèrent pas si facilement de la morale désespérément rigoureuse des anciens prophètes du Moyen-Orient.

Aussi, quand ils se trouvèrent à la tête d'un vaste empire, et bientôt blâmés de le laisser dévaster par les barbares, c'est aux GRECS et non aux juifs qu'ils empruntèrent leur pensée politique

qui-comme le système indien- permettait divers systèmes éthiques, ou destinées.

ARISTOTE

Les philosophes grecs pensaient que l'homme est un *animal politique* et que l'Etat est bon pour lui. Ils approuvaient donc le pouvoir - à la différence des premiers chrétiens - et s'intéressaient à la philosophie politique.

*Saint Augustin d'Hippo* - un évêque africain plutôt bilieux qui travaillait à élaborer une philosophie politique plausible pour la chrétienté, peu après 410 apr. J.-C., quand Rome était embrasée par les barbares en furie - annexa certaines théories grecques à la théologie chrétienne et bâtit un système de vocations séparées. Il distingua 4 codes de comportement - pour les moines, le clergé, les citoyens et les gouvernants.

Selon Augustin, spiritualité et politique sont des affaires bien séparées, *mais* l'Eglise ne peut simplement ignorer la politique car elle représente la communauté entière, et pas seulement une secte de dévots.

Cela signifie que, quoique le clergé et les citoyens ne puissent ni se battre, ni même se défendre, les dirigeants et les soldats chrétiens ont le devoir de tuer. ①

Augustin contribua à forger les principaux arguments contre le pacifisme absolu dont se servent toujours les gens d'église et les libéraux

TSVP ⟫→

69.

# ❶ La chute

Selon la doctrine chrétienne, depuis qu'Adam et Eve ont croqué la pomme, l'humanité est véreuse. Les humains ont une tendance innée à tout gâcher. Ça ne diffère pas beaucoup de la conception de la nature humaine du XX$^e$ siècle : les humains sont naturellement agressifs, etc.

Il n'y a donc aucun espoir de perfection (de paix réelle, p. ex.) aujourd'hui dans les groupes d'une certaine taille. Prétendre qu'il y en a un est l'hérésie du perfectionnisme (en langage séculier : idéalisme niais).

# Le légalisme

Les pacifistes ne retiennent de l'impossible éthique du Sermon sur la Montagne, qu'une part qu'ils essayent d'appliquer littéralement. Ils s'arrachent rarement l'œil coupable. Le christianisme n'est pas un ensemble de lois littéralement absolues.

L'amour du prochain est le seul impératif moral, ce qui ne vous offre même pas le confort de savoir qu'il est TOUJOURS, ABSOLUMENT, mal de tuer. Le Sermon sur la Montagne ne dit rien de celui qui vous frappe sur la joue GAUCHE - ou sur celle de votre enfant ou de votre prochain. Mais l'amour ne vous oblige-t-il pas à protéger ceux qui sont sans défense?

# ③ La paix n'est pas la justice

Il faut donc s'accommoder de la situation. Après tout, selon saint Paul, "les autorités qui existent sont établies par Dieu"! ①

*Allons, allons!*

Martin Luther (qui emprunta amplement à Augustin)

observait que l'agneau ne peut dormir avec le lion, à moins d'être fréquemment remplacé

Augustin pensait que les gouvernants avaient la vocation tragique de tuer "dans le deuil" pour protéger les faibles.

Ainsi, les hommes d'Etat ont une morale particulière. "Ce n'est pas l'homme, mais Dieu qui pend, brise sur la roue, décapite et sème la guerre". (Luther)

Si tu veux la justice, tu ne peux avoir toujours la paix.

*Tout cet idéalisme devient dur à avaler.*

Ce même argument peut être retourné pour justifier les révolutions violentes (ce que font certains théologiens modernes). Quand l'économie est si pourrie que le peuple est affamé, c'est de la "VIOLENCE INSTITUTIONNELLE", même si aucun coup de feu n'est tiré. Le moindre des deux maux serait alors de renverser le système par la force.

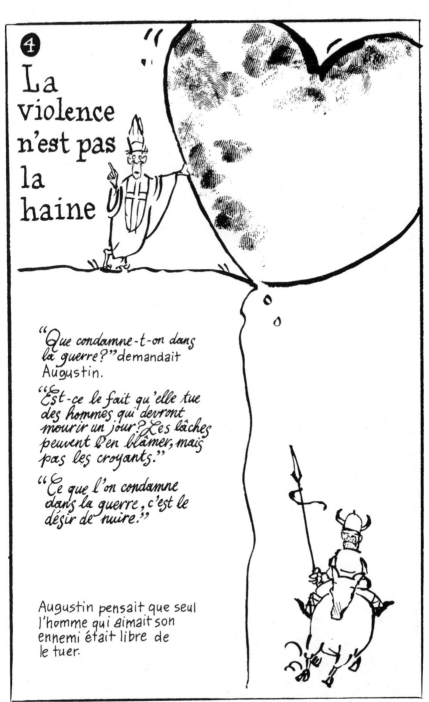

**4**

# La violence n'est pas la haine

"Que condamne-t-on dans la guerre?" demandait Augustin.

"Est-ce le fait qu'elle tue des hommes qui devront mourir un jour? Les lâches peuvent l'en blâmer, mais pas les croyants."

"Ce que l'on condamne dans la guerre, c'est le désir de nuire."

Augustin pensait que seul l'homme qui aimait son ennemi était libre de le tuer.

# LA JUSTE

Augustin pensait que dans certaines conditions la guerre peut être juste - idée principalement piquée aux Grecs. Son code fut largement reconnu (en théorie si non en fait).

## *Une juste guerre doit*

### ∾ *1. avoir de justes fins* ∾

Le philosophe grec *Platon* disait que la seule fin juste était la restauration de la paix. On pense souvent aujourd'hui que seule une guerre "défensive" est juste.(Mais la défense peut exiger une attaque préventive, si bien que c'est un cercle vicieux).

# GUERRE

## ~2. être justement menée~

Les stoïciens concevaient l'*humanitas*, l'humanité en général: nous avons *tous* la Raison en commun, nous devrions donc être raisonnablement corrects les uns avec les autres. Cela signifierait, en pratique, ne pas tuer de civils.

Une variante ultérieure de cette règle fut la condition de *"proportionnalité"*: il faut être sûr que dans une guerre le bien l'emportera sur le mal. Une autre variante fut qu'on ne doit s'engager dans la guerre qu'en dernier ressort.

(La seconde condition déclenche la plupart des guerres modernes).

Nous avons gagné!

# La JUSTE GUERRE, suite

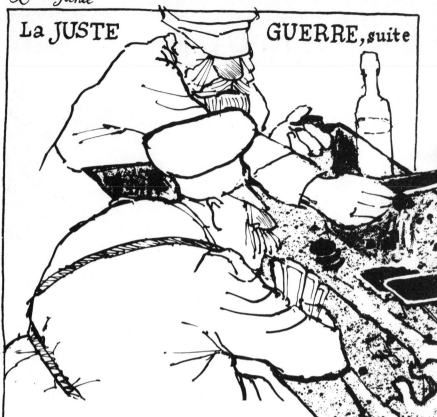

## ~3. être déclarée par une autorité légitime~

Les gouvernements ont tenté de limiter la violence
en en faisant un monopole d'Etat (sinon ça
s'appelle du "terrorisme").
Mais qui décide qu'un gouvernement est légitime ?

## ~4 respecter les objecteurs de conscience~

Ce qui, au temps d'Augustin, signifiait les religieux
professionnels. Les moines étaient censés mettre entièrement en pratique le Sermon sur la Montagne. Ils ne
pouvaient se contenter d'opter pour le pacifisme, ils devaient
aussi renoncer à leurs biens et à leurs familles.
En 1182, Christian, archevêque de Mayence, bastonna à mort
neuf hommes au cours d'une bataille avec sa crosse épiscopale,
évitant vertueusement par là de tirer l'épée.

La plupart des guerres obéissent en fait à des règles.

Les aborigènes partant se battre ôtaient les pointes meurtrières de leurs lances.

Les chrétiens du Moyen Age observaient la *Paix* et la *trêve de Dieu*, limitant la guerre à certaines personnes et à certaines saisons de l'année.

Les armées modernes respectent, parfois, la *Convention de Genève*; les armes biologiques et spatiales sont théoriquement interdites.

*Mais*, les règles ont peu de poids dans les *croisades...*

»→

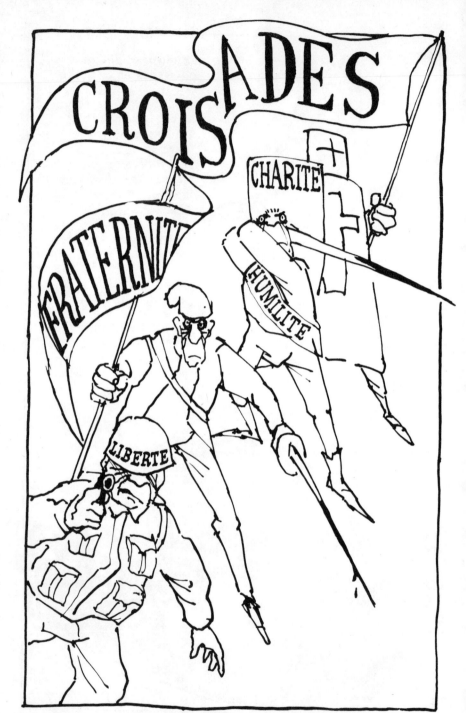

800 ans après Augustin,[1] l'Empire romain était effacé.
Mais l'Eglise avait tenu bon (avec près de la moitié
de l'Europe dans sa poche). Elle avait peu fait durant
ce temps pour convertir les barbares européens et les
faire renoncer à leurs habitudes
sanglantes.

*Le Très-Haut m'a communiqué son
désir d'une méchante petite
campagne d'hiver qui nous
ouvrirait les routes commerciales
du Moyen-Orient.*

Les croisades furent un stratagème conçu par le
pape pour (en partie) mettre fin aux luttes entre
chrétiens. Ils donnaient moins de souci quand ils
usaient le tranchant de leurs épées sur les crânes
à peine humains des infidèles.
(Toujours le même vieux "groupisme" mais en plus grand).

La guerre sainte fut une manœuvre politique si
payante que l'Eglise devait plus tard lancer des croisades
contre les hérétiques d'Europe -pendant la Réforme-
puis contre les sous-hommes sauvages.

Pour avoir une guerre sainte, il vous faut d'abord un gouvernement saint = une *théocratie*.

C'est sans doute la plus ancienne forme de gouvernement connue dans l'histoire et elle est toujours – sous une apparence ou une autre – très répandue.

Que la religion s'empare de l'Etat, ou l'Etat de la religion, et le subtil équilibre entre prêtres et gouvernants (fondé sur l'idée de destinées distinctes) se rompt = on peut s'attendre à avoir des *croisades*.

Tout au long du Moyen Age, évêques et rois n'ont cessé de se quereller sur la division du pouvoir

*Le pape Innocent III* parvint presque, au XIIIᵉ siècle, à la théocratie catholique absolue sur l'Europe, en obtenant de plusieurs rois qu'ils se déclarent ses vassaux.

Pendant la *Réforme*, au début du XVIᵉ siècle, deux éminents rebelles, *Jean Calvin* et *Huldrych Zwingli* prirent le pouvoir dans certains cantons suisses et établirent des sortes de théocraties protestantes. Ils usèrent sans barguigner de leur pouvoir (notamment celui de vie et de mort) pour faire de leurs concitoyens de meilleurs chrétiens.

*Te sens-tu réchauffé par l'amour de Dieu, mon fils?*

Être bon est noble

Mais enseigner aux autres à l'être est mieux

et moins risqué.

Calvin    Zwingli

Mais les théocraties chrétiennes en Europe durèrent peu au-delà de la Réforme car Dieu perdait du terrain devant la science.

Les Européens s'étaient remis à lire les anciens Grecs et en avaient conclu qu'il y avait des "lois" qui expliquaient le pourquoi des choses de la nature.

La philosophie d'hommes comme *Descartes* et les découvertes physiques de *Newton* ① amenèrent à concevoir le monde comme une gigantesque horloge-mécanique et prévisible.

A la fin, il n'y avait apparemment plus beaucoup de place pour Dieu dans l'horloge; les philosophes des *Lumières* du XVIIIe siècle pensèrent s'en tirer mieux sans Lui et ses satanées superstitions.

Optimistes, ils estimèrent que le *Progrès* pouvait exister non seulement dans la connaissance du mécanisme de l'horloge de la nature, mais AUSSI EN POLITIQUE.

Science et politique devinrent une religion nouvelle, promettant le PARADIS SUR TERRE. Ce qui, en son temps, donna lieu à un nouveau genre de théocratie[1] (séculière) - et à l'extrême aux gouvernements *totalitaires*.

Certains firent toute une affaire de la mort de Dieu, avec l'espoir que dans son sang se noierait la visqueuse moralité chrétienne.

L'un de ses assassins les plus enthousiastes fut le philosophe allemand du XIXe siècle, *Friedrich Nietzsche*. Tuez Dieu et sa moralité d'esclave, pensait-il, et vous libérerez la passion et l'individualité.

# DIEU MESTT MORT
## ‑Nietzsche‑

Les fascistes du XXᵉ siècle se jetèrent goulûment sur ces idées et glorifièrent la LUTTE, la VIOLENCE et le SANG. Certains nationalistes de gauche en firent autant. L'idéologue du tiers monde, Franz Fanon, p. ex., pensait qu'une nation neuve devait passer par le baptême créateur d'une guerre sanglante contre les colonialistes.

*Nietzsche est mort*
*‑Dieu*

Dieu allait reposer à la morgue et les antiques dieux tribaux vivre leur vie d'outre-tombe au British Museum; les intellectuels fouillaient l'avenir meilleur de leurs yeux myopes, quand resurgirent, vivaces, les dieux, déguisés sous de nouveaux noms: LIBERTÉ, DÉMOCRATIE, ÉGALITÉ, SOCIALISME, INDÉPENDANCE, etc., et ils exigèrent des croisades.

Cela commença avec les croisades de Napoléon. et de son armée populaire révolutionnaire qui jeta l'Europe dans un nouveau type de guerre - la guerre totale.① Aujourd'hui nous chantons des hymnes, brandissons des drapeaux, édifions des temples, lisons des textes sacrés et sacri- fions massivement des êtres humains à ces nou-veaux dieux tribaux

# le chapitre 4

## traite
## de la politique séculière

# Ce qu'on y trouvera :

Quelles sont les techniques politiques de paix ? (le pacifisme est le refus de combattre, qui n'est pas forcément le meilleur moyen d'obtenir la paix).

Détente et dissuasion sont vieilles comme le monde. Les politiques plus récentes, libérale, marxiste ou gandhienne, reposent toutes sur l'idée utilitariste que la guerre ne vaut pas la peine. Mais elles proposent des solutions contradictoires: réformes et fédéralisme; révolution (violente); non-violence.

Les mouvements modernes pour la paix, dérivant de toutes ces philosophies divergentes, sont donc sujets à l'éclatement.

# LA POLITIQUE DE LA PAIX SUR TERRE

Les peuples, ayant perdu leur foi dans le ciel, placèrent leur espoir dans la réalisation de la paix sur terre sans l'aide de Dieu.

Mais comment?

Il y a 2 réponses classiques à cette question : la détente et la dissuasion.

Les vieilles techniques de paix.

La détente

Amadouer l'ennemi, p. ex. en :

marchandant

retenant des otages

acceptant un arbitrage

jouant le jeu ensemble

échangeant des cadeaux

payant un tribut

Hé, Andropov, j'ai une idée

La Paix pour débutants

échangeant ses femmes

# La dissuasion
### Terrifier l'ennemi

SECURITE

*La faiblesse ne fait que provoquer l'agression*

*"Si tu veux la paix, prépare la guerre"* ①

Rendre la guerre trop coûteuse p. ex. en :
* édifiant de solides défenses
* concluant des alliances militaires, de sorte que l'ennemi redoute l'escalade
* renforçant le gouvernement par :
  - le monopole de la violence
  - la centralisation de l'administration
  - la création d'un corps international de préservation de la paix - idéalement d'un gouvernement mondial.

*L'unique chose qu'on ne puisse faire avec une baïonnette, c'est s'asseoir dessus*
*Napoléon*

*Tu te sens en paix ?*

Bizarrement, les impérialistes réussissent souvent à limiter les effusions de sang.

La Pax Romana en fut un exemple particulièrement brillant (surtout pour les Romains).

Au cours de l'histoire, le problème de la paix a presque toujours été laissé à Dieu et aux rois. Le peuple subissait simplement la guerre comme une catastrophe inévitable, tel le climat.

Mais, vers 1500, le soupçon s'insinua chez les Européens que la guerre n'était pas le fait de Dieu, mais des hommes.

*"Si vous examinez la question de près, vous verrez que ce sont les humeurs privées, tristes et égoïstes, des princes qui sont les causes véritables de toutes les guerres."*

*Desiderius Erasmus*
un des premiers humanistes.

C'est une idée importante : elle signifie qu'en remaniant la société on pourrait éliminer la guerre. C'est le principe qui sous-tend les 3 principales philosophies pacifistes apparues depuis lors : *le libéralisme, le marxisme & le gandhisme*. Elles soutiennent toutes que les peuples sont fondamentalement pacifiques et que les guerres sont le fait d'une minorité corrompue. (Quelle minorité ? là, leurs avis divergent).

Marxistes, libéraux et gandhiens ont en commun ces motifs non religieux :

## L'UNIVERSALISME

(ou *"humanisme"*) - l'idée que les peuples sont fondamentalement égaux, semblables; qu'il n'y a donc aucune raison de combattre pour de minces différences tribales.

## L'OPPORTUNISME

(ou *"utilitarisme"*)

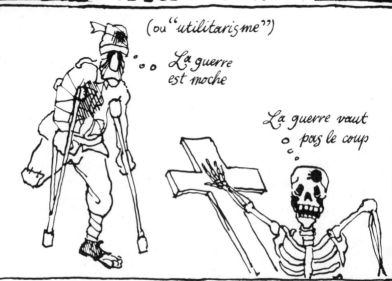

*La guerre est moche*

*La guerre vaut pas le coup*

Les commandements divins
démodés, il parut convenable
(grâce notamment aux
philosophes utilitaristes des
XVIII$^e$ et XIX$^e$ siècles)
d'estimer ce qui est juste
ou non dans une action en
raison de ses *résultats*
probables - c.a.d., peut-elle
produire plus de bonheur ?

Puisque les hommes sont
fondamentalement égaux,
*le plus grand bonheur pour
le plus grand nombre.*

Le bonheur, pour la plupart des
utilitaristes, dépend du pouvoir
matériel. Mais il peut être plus
profitable de *sacrifier* aujourd'hui
un peu de pouvoir (p.ex. en ne
combattant pas) afin d'en obtenir
plus à la longue pour le plus
grand nombre.

*Le bonheur de qui ?*

Encore des formules :
    groupisme + pouvoir → guerre

universalité + sacrifice (total) → paix
                                    céleste

UNIVERSALITÉ            PAIX
    +           →       SUR
SACRIFICE LIMITÉ        LA TERRE

97.

Souvenez-vous qu'il n'y a jamais eu de guerre, quelque heureuse qu'en ait été l'issue, qui n'ait occasionné plus de perte que de gain.

Perte ? il a dit perte ?

Les idéologues libéraux de la nouvelle classe commerçante anglaise de la fin du XVIIIe siècle se défiaient beaucoup de l'establishment et de sa politique extérieure interventionniste.

Cet amour excessif pour l'équilibre du pouvoir n'est ni plus ni moins qu'un gigantesque système de décompression pour l'aristocratie

John Bright

Le programme libéral de paix comportait (comporte) trois ingrédients majeurs : la démocratie, la libre entreprise et le fédéralisme.

# 1 La démocratie

Une fois libérés de la superstition et des dirigeants réactionnaires, les peuples vivront naturellement comme des êtres rationnels, et en paix.

# 2 La libre entreprise

Gare tes mains!

Les gouvernements réactionnaires furent accusés de faire obstacle à l'économie libre dont les progressistes pensaient qu'elle apporterait paix -et prospérité.

Quand, avec Richard Allen, les quakers libéraux fondèrent la première Peace Society à Londres, en 1816, ils l'allièrent intimement à la croisade pour la libre entreprise de Richard Cobden, dont le slogan était: *"Le moins d'interférences possible entre gouvernements, et le plus de liens possible entre nations (c.à.d. peuples) du monde."*

# 🔳 Le fédéralisme

Les libéraux s'enthousiasmèrent pour l'idée d'une autorité internationale qui arbitrerait les dissensions entre gouvernements. Dès 1310, Dante avait proposé une fédération universelle au sein d'un empire du monde. Erasme et William Penn furent des rares qui reprirent ensuite l'idée. Mais elle revint en vogue à la fin du XVIIIe siècle. Tom Paine, Jean-Jacques Rousseau et Jeremy Bentham - idéologues de la nouvelle démocratie - se bousculèrent pour publier des projets de paix fédéralistes.

Le projet le plus fameux fut publié en 1795 par le génie prussien Emmanuel Kant, en un pamphlet quasi incompréhensible. Il proposait une fédération de plein gré entre les Etats dans le but de faire cesser les guerres (qui, à l'époque devenaient beaucoup plus sanglantes). Ces Etats fédérés ne formeraient pas une alliance militaire; ils conviendraient de ne pas se combattre les uns les autres et, comme cela leur épargnerait beaucoup d'argent et de tracas, d'autres Etats se joindraient à eux avec le temps. L'horreur de l'alternative maintiendrait unie la fédération.

*Ce n'étaient que de bonnes idées jusqu'à ce qu'en...*

*1919*, après la désastreuse der des der, est fondée la *Société des Nations* dans un idéalisme et un enthousiasme populaire immenses. Elle devait être une sorte de fédération mondiale, mais elle s'effondra dans les années trente quand le Japon d'abord, puis l'Italie et l'Allemagne crevèrent avec leurs tanks ses résolutions de papier.

Ni l'opinion publique, ni les sanctions économiques, ni les mesures de conciliation (qui consistaient à donner aux puissances vaincues une plus juste part dans l'économie mondiale) ne purent arrêter la racaille bottée, type Hitler.

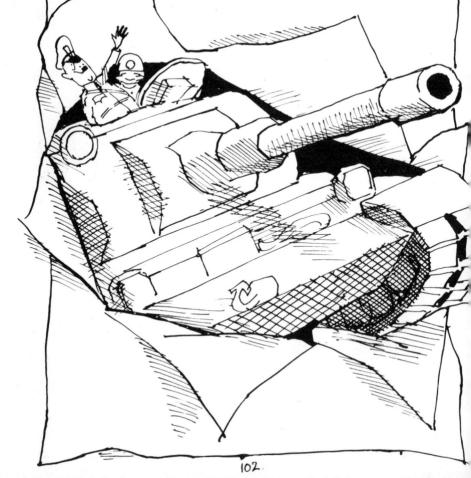

# LES NATIONS UNIES

*L'Organisation des Nations unies,* née d'une autre vague d'idéalisme pacifiste à la fin de la Seconde Guerre mondiale, fut moins démocratique que la Société des Nations. Elle alloua avec réalisme des privilèges spéciaux aux superpuissances.

*"J'ai le grand plaisir de vous annoncer que le comité de rédaction a publié une collection entièrement nouvelle de platitudes officielles."*

Mais, en dépit de l'acquisition de nouveaux membres - qui avaient beaucoup à dire - dans les années soixante, elle n'a jamais vraiment pu passer pour un gouvernement mondial représentatif.

Le nationalisme de la guerre froide gela un grand nombre d'espoirs fédéralistes.

"*Nous, nous ne nous sommes jamais beaucoup intéressés au prêchi-prêcha végétarien-quaker de Kant sur le "caractère sacré de la vie humaine". Pour que l'individu devienne sacré, nous devons détruire l'ordre social qui le crucifie & ce problème ne peut être résolu que par le fer et le sang.*"

Trotsky

Selon la théorie marxiste [1] (qui se fonde sur la primauté de la puissance matérielle), il n'y aura de paix qu'avec la fin de l'oppression de classe et la disparition de l'État.

Le pouvoir politique est au

Les forces économiques rendent cette transformation de la société inévitable, mais = "*La force est l'accoucheuse de toute vieille société.*"

Marx

bout du fusil

Ainsi pour les marxistes, toute guerre n'est pas mauvaise.

Mao

Le déclenchement de la Première Guerre mondiale divisa les marxistes. En 1889, les grands partis socialistes européens avaient formé la **IIᵉ *Internationale***. Ils s'étaient juré de ne pas faire la guerre des capitalistes. Ils organisèrent des grèves générales pour paralyser la guerre. Mais leur front se disloqua.

* la classe ouvrière se laissa intoxiquer par le nationalisme belliciste.
* *Lénine*, appliquant à la lettre la logique de Marx, approuva la guerre.

TRAVAILLEURS DE TOUS LES PAYS UNISSEZ-VOUS

*Lénine*

*"Si la guerre ne suscite dans la petite bourgeoisie geignarde qu'horreur et crainte, alors nous devons dire : la société capitaliste est toujours une horreur sans fin."*

Lénine soutint la guerre parce que la défaite pouvait aider à faire tomber le régime tsariste. L'État est la violence organisée, disait-il, et ne peut être renversé que par la violence. Il voulut transformer la "guerre impérialiste en guerre civile."

Il y réussit.

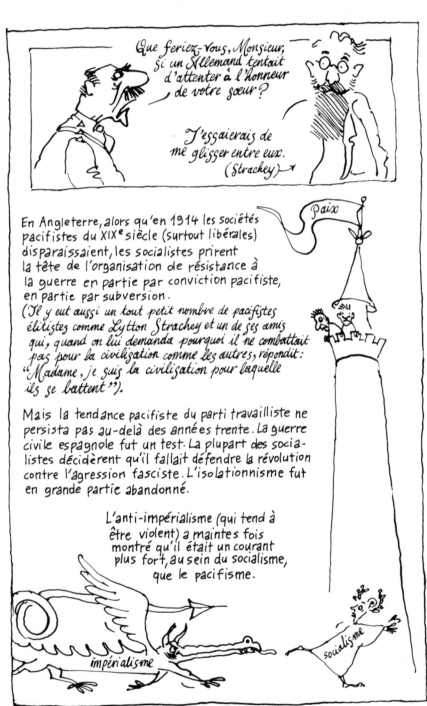

Que feriez-vous, Monsieur, si un Allemand tentait d'attenter à l'honneur de votre sœur?

J'essaierais de me glisser entre eux.
(Strachey)

En Angleterre, alors qu'en 1914 les sociétés pacifistes du XIXᵉ siècle (surtout libérales) disparaissaient, les socialistes prirent la tête de l'organisation de résistance à la guerre en partie par conviction pacifiste, en partie par subversion.

(Il y eut aussi un tout petit nombre de pacifistes élitistes comme Lytton Strachey et un de ses amis qui, quand on lui demanda pourquoi il ne combattait pas pour la civilisation comme les autres, répondit: "Madame, je suis la civilisation pour laquelle ils se battent").

Mais la tendance pacifiste du parti travailliste ne persista pas au-delà des années trente. La guerre civile espagnole fut un test. La plupart des socialistes décidèrent qu'il fallait défendre la révolution contre l'agression fasciste. L'isolationnisme fut en grande partie abandonné.

L'anti-impérialisme (qui tend à être violent) a maintes fois montré qu'il était un courant plus fort, au sein du socialisme, que le pacifisme.

Paix

impérialisme

socialisme

L'idée que, si les gens refusent simplement de se battre, la guerre pourrait cesser, ne fut pas prise au sérieux avant le XXᵉ siècle.

Le grand pionnier de la politique de la non-violence fut

## Mohandas Gandhi

Un malicieux Indien court-vêtu qui fit sans doute plus que quiconque pour démanteler le grand empire britannique

Gandhi tressa ensemble 2 philosophies discordantes : **le pacifisme religieux** (tiré des traditions hindoue et chrétienne-anarchiste) et une prudente évaluation **utilitariste** du pouvoir.

Fils du Premier ministre d'un petit État indien sous l'empire britannique

se marie à 13 ans

Vient étudier à Londres, porte guêtres et souliers vernis, prend des leçons de diction et devient un militant végétarien.

devient à Bombay un avocat manqué

tristement émigré en Afrique du Sud, il se fait jeter hors d'un wagon de Ière classe à cause de sa "couleur" -moment décisif.

se trouve à la tête d'un mouvement de masse de revendication des droits des Indiens.

invente le Satyagraha, technique de résistance non violente.

HAUT
LEGENDE
BAS

retourne en Inde en 1914 à 45 ans, déjà entré dans la légende.

Ses débuts ①

109.

## Sa philosophie:[1]

Dans le dictionnaire de l'action non violente il n'y a rien de tel qu'un ennemi extérieur... Le sacrifice est la loi de la vie... Souffrir dans sa propre chair est l'unité essentielle de l'homme et de tout ce qui vit. Je pense donc que si un homme tombe, le monde entier tombe avec lui. La règle d'or de toute... par amour... Je crois en l'unité essentielle de l'homme et de tout ce qui vit.

Pour moi la Vérité est Dieu et il n'y a pas d'autre

conduite est la tolérance mutuelle puisque nous ne verrons toujours la vérité de manière fragmentaire et sous des angles différents... bienveillance envers toute vie. Elle est...

voie pour trouver la Vérité sinon la voie de la non-violence...La non-violence est, sous sa forme

personne est l'essence de la non violence ⟶ ✳

**VÉRITÉ**

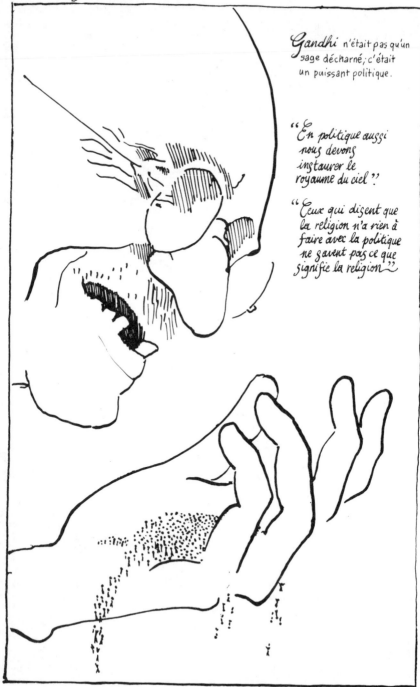

Gandhi n'était pas qu'un sage décharné; c'était un puissant politique.

" En politique aussi nous devons instaurer le royaume du ciel "

" Ceux qui disent que la religion n'a rien à faire avec la politique ne savent pas ce que signifie la religion "

Nul avant lui n'avait pensé que l'**Ahimsa** – la non violence – qui était une technique spirituelle individuelle, pût être utile en politique.

Gandhi démontra qu'elle le pouvait car: *"La non violence ne prend pas le pouvoir. Elle ne le cherche même pas... Le pouvoir vient à elle."*

parce que :

Elle draine la force la plus puissante du monde – l'amour.

*"La nature humaine est par essence une, elle répond donc infailliblement aux avances de l'amour."*

Elle est une sorte de jiu-jitsu moral
- elle surprend
- elle ôte sa dignité à l'agresseur violent
- elle n'alimente pas sa colère par des représailles

Elle accorde la fin et les moyens

*"Nous contrôlons toujours les moyens, jamais les fins"*

Elle s'inspire des traditions spirituelles de l'Inde et change la faiblesse apparente en une force capable de miner le pouvoir rigide, brutal et mécanique de l'Occident.

Elle fait appel à la volonté – le truc fondamental en politique.

Comment, demandait Tolstoï, une entreprise commerciale a-t-elle pu asservir une nation de 200 millions d'âmes ?
*"Nous en sommes plus responsables que les anglais"*
disait Gandhi.

# La paix gandhienne (avant Gandhi!)

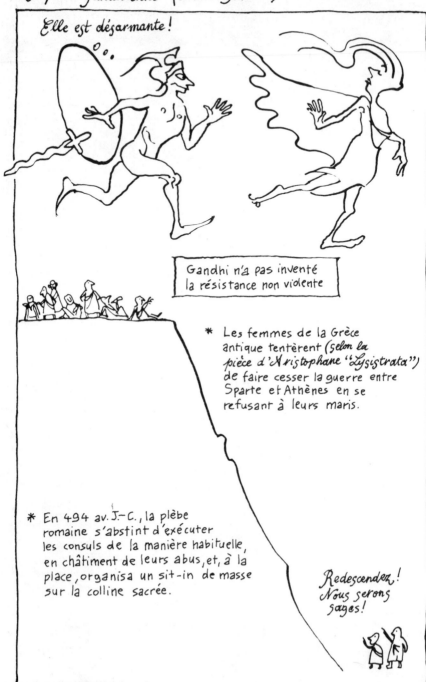

Elle est désarmante !

Gandhi n'a pas inventé la résistance non violente

* Les femmes de la Grèce antique tentèrent (selon la pièce d'Aristophane "Lysistrata") de faire cesser la guerre entre Sparte et Athènes en se refusant à leurs maris.

* En 494 av. J.-C., la plèbe romaine s'abstint d'exécuter les consuls de la manière habituelle, en châtiment de leurs abus, et, à la place, organisa un sit-in de masse sur la colline sacrée.

Redescendez ! Nous serons sages !

Bien avant Gandhi, on avait utilisé la résistance non violente de masse (avec un succès relatif) contre l'impérialisme et l'autocratie-généralement après que la violence eut échoué.

ex = Résistance hollandaise à l'Espagne (1565-1576)
  Résistance hongroise aux Autrichiens (1850-1867)
  Révolte contre le tsar de Russie (1905)

(Depuis, on s'en sert souvent -avec un zeste de violence-)
  ex = Norvégiens face aux nazis; Tchèques face aux soviétiques; Iraniens face au Shah.)

La grève non violente a été une arme très efficace des syndicats- beaucoup plus que l'action violente du luddisme.

Aaah, arrête, arrête, je cède.

Il y a aussi eu des techniques indiennes traditionnelles de protestation non violente :

hartal — grève politique symbolique
hijrat — émigration massive
dharna — s'accroupir sur le seuil de son adversaire en attendant la mort de telle sorte que votre fantôme viendra le hanter

← ‹‹‹ esprit de résistance

# Le Satyagraha (exigence de Vérité)

– terme que Gandhi préférait à "non violence" –
peut être exercé comme cœrcition politique ( n'est donc pas
identique à la non-résistance religieuse ) mais il est aussi plus que
cela

## Il vise la Vérité, non le Pouvoir

Les politiciens marchandent habituellement pouvoir contre pouvoir, jusqu'à

parvenir à un compromis

la dialectique de Gandhi : du choc des opinions devrait naître

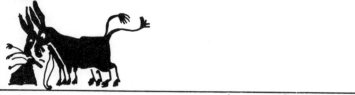

non un compromis, mais une synthèse

plus proche de la vérité que chacune des positions initiales.

# MODE D'EMPLOI du satyagraha :

1. D'abord tentez de convaincre votre adversaire par la raison, puis faites connaître votre cause et lancez un ultimatum.

2. Eliminez tout intérêt personnel par le jeûne et la prière.

3. Alors, envisagez l'action directe - la désobéissance civile - mais exclusivement dans les conditions suivantes :
   - la preuve doit être impartialement faite qu'il y a une injustice réelle, réparable par l'action directe, et que ses victimes ont la volonté d'y mettre fin
   - les protestataires doivent s'assumer eux-mêmes et être prêts à souffrir
   - les exigences doivent être limitées au minimum concordant à la vérité
   - la manifestation doit être annulée à la moindre violence.

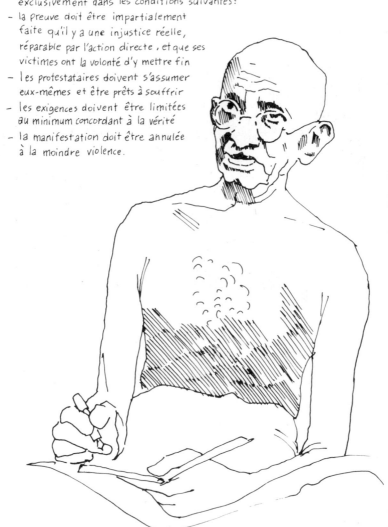

## Le satyagraha implique austérité

L'un des rares biens personnels que se permit Gandhi fut une corbeille à papiers. Il dirigea le mouvement indépendantiste indien à partir d'une vieille caisse à savon dans un ashram misérable (subventionné par quelques millionnaires qui s'étaient épris de lui.

Que pensez-vous

de la civilisation

Dans la vigueur de la trentaine, il fit vœu de chasteté totale, et se mit par la suite à l'épreuve - à la consternation de ses disciples - en partageant sa couche avec de jeunes femmes.

Il fut dur avec sa famille. Harilal, son fils aîné, se vit refuser une éducation occidentale. Il craqua, se débaucha et publia des pamphlets à scandale contre son père.

# et réforme sociale

Gandhi exaspéra les politiciens nationalistes dans les années trente en détournant le mouvement indépendantiste pour en faire une campagne de réforme du système des castes. Mais il obtint des améliorations substantielles pour les 60 millions d'intouchables de l'Inde.

Gandhi ne rejeta pas seulement l'impérialisme britannique, mais aussi la culture occidentale.

**"La culture européenne est satanique,"** disait-il

La seule chose de l'Ouest que Gandhi admirait était notre tout-à-l'égout. Il parcourait les villages en ramassant les excréments.

Il pensait que les millions d'habitants de l'Inde n'avaient vraiment aucun besoin de l'industrie moderne. Ils faisaient mieux de filer à la main (-afin d'apprendre la dignité du travail-) boycotter les importations et améliorer l'économie villageoise.

La paix gandhienne

# Satyagraha appliqué.

### Deux exemples :

1. En 1918, Gandhi mena une grève contre les magnats de l'industrie textile d'Ahmedabad -ses amis. Il insista pour que les grévistes désespérés ne se démobilisent pas à moins de 35 % d'augmentation de salaire et entama une grève de la faim quand ils faiblirent. Les patrons finirent par céder. Cette grève permit la création du plus puissant des syndicats indiens.

2. Participant à la campagne de 1930-31 contre les Anglais, -en particulier contre l'odieux impôt sur le sel- Gandhi prit la tête d'une gigantesque marche vers la côte pour tirer illégalement du sel de la mer. Pour la première fois, les gens rallièrent en masse le mouvement indépendantiste et entreprirent la production de sel illégal. Ils organisèrent une attaque non armée contre les salines gouvernementales mais furent repoussés.

   Un journaliste américain en rendit ainsi compte :

   " Pas un seul des marcheurs ne leva même le bras pour parer les coups. Ils tombaient comme des quilles. De là où je me tenais, j'entendais le bruit écoeurant des matraques sur les crânes nus... Un sikh inondé de sang nous fit un sourire et se releva pour en recevoir encore. L'officier se démenait tant que sa tunique blanche était tachée de sueur au ceinturon. Il leva le bras, dans un dernier élan, puis laissa retomber ses mains le long du corps. "Ça ne sert à rien, dit-il se tournant vers moi avec comme un sourire d'excuse, on ne peut pas frapper un salopard qui vous tient tête comme ça !" Il fit au sikh un salut moqueur et s'éloigna."

Les lois sur le sel furent modifiées et des pourparlers entamés sur la réforme constitutionnelle.

ndépendance

Gandhi n'était pas vraiment nationaliste, mais il assimilait indépendance et "swaraj" - autonomie morale - en faisant ainsi un but aussi bien religieux que politique.

Les masses le vénérèrent et il légua ses disciples aux fringants socialistes occidentalisés qui menaient le mouvement nationaliste. Sa non-violence aida l'opinion publique britannique à accepter l'idée de l'indépendance. Il inspira des révoltes populaires contre l'empire britannique dans le monde entier.

*Désolé, vieux, il faut vraiment que je parte.*

*Mais* disent les cyniques

✳ Les Anglais cherchaient de toute façon des prétextes pour partir et craignaient plus le mouvement terroriste que celui de Gandhi.

✳ Dès la fin des années trente, Gandhi, devenu une gêne, avec son antimodernisme maniaque, fut mis au réfrigérateur à la fois par les technocrates nationalistes et par les Anglais.

✳ Sa campagne non violente fut submergée par la sanglante Seconde Guerre mondiale, après quoi l'Angleterre n'eut plus la force de s'accrocher à l'Inde. L'indépendance elle-même amena la partition du pays - dans laquelle des centaines de milliers d'hommes furent massacrés.

✳ Les grands principes de Gandhi - sa non-violence, son anti-industrialisme et son "anarchisme de village" - furent soigneusement ignorés par les dirigeants de l'Inde indépendante.

Mais la pensée de Gandhi a influencé des homme de tous horizons, p. ex =

## Les combattants musulmans

Plus de 100 000 membres de la féroce tribu Pathan entrèrent dans le *Khudai Khidmatgar*, un parti voué à la non-violence et au sacrifice de soi, fondé en 1929 par un ami de Gandhi, *Abdul Ghaffar Khan*.

En 1931, ils participèrent contre les Anglais à la prise de l'importante ville de Peshawar et mirent en place un gouvernement parallèle.

Mais après la violente partition de l'Inde, il y eut des divergences entre Abdul Ghaffar Khan et le nouveau gouvernement nationaliste du Pakistan. Il fut récompensé par une pension de l'Etat longue durée - en prison.

# Les noirs américains

Dans les années cinquante & soixante *Martin Luther King* draina un soutien massif au mouvement pour les droits civiques en utilisant certaines des techniques de Gandhi. Les manifestations non violentes visaient principalement la discrimination raciale dans les autobus.

La ségrégation fut alors effacée de la loi, mais pas toujours des faits. Les Blancs libéraux admiraient la dignité noire, mais ne voulaient toujours pas s'asseoir à ses côtés. Le mouvement de King fut dépassé par le violent *Black Power* qui tirait ses forces non du Sud agricole mais des durs ghettos noirs des villes du Nord et qui délibérément força l'intégration.

Les radicaux blancs

De nombreux radicaux, hippies et féministes[1] issus de la contre-culture du mouvement pour la paix au Vietnam, adoptèrent la non-violence de Gandhi (mais aussi la bonne vie!). Leur mouvement "alternatif" s'infiltra dans toutes sortes de campagnes non violentes : pour l'égalité des sexes, la décentralisation, le développement du tiers monde, les droits des homosexuels, l'écologie et, bien entendu, la paix.

Les missiles phalliques de la guerre moderne sont considérés comme le symbole ultime d'une société goinfre, répressive, hiérarchique et phallocratique. *Mais* radicaux et féministes ne sont pas à 100 % pacifistes. Pendant la guerre du Vietnam, **Marx**, avec son anti-impérialisme violent, a resurgi comme une arme beaucoup plus populaire que **Gandhi**.

Les techniques de protestation non violente ont remporté des succès évidents (*sinon complets*) dans le domaine des réformes et de la libération sociale - notamment face à des gouvernements libéraux mollassons. Mais la grande question reste sans réponse :

la non-violence peut-elle fonctionner internationalement - contre des agresseurs militaristes et sanguinaires ?

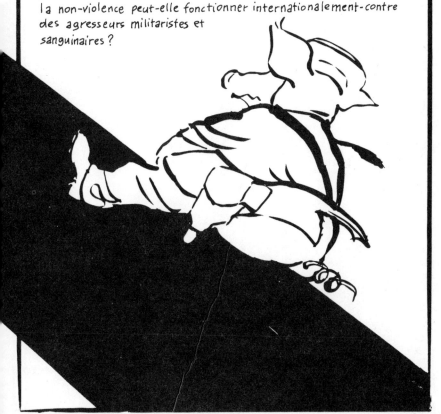

### La réponse de Gandhi :

L'Ahimsa, disait-il, est un modèle impossible et une doctrine inutile: il faut y croire avec le coeur.

La résistance violente est préférable à la lâcheté-il l'appelait la "violence doublement distillée".

Gandhi créa de lui-même un corps d'ambulanciers pendant la guerre des Boers et participa au recrutement au début de la Première Guerre mondiale.

Il accepta que les Indiens ne se soumettent pas tous au Satyagraha et qu'ils puissent suivre un entraînement militaire.

Il pensait que la position des Alliés dans la Seconde Guerre mondiale était juste, mais il conseilla aux Anglais de renoncer à la violence.

"D'un seul coup, Hitler découvrira que tout son terrible arsenal n'a plus d'usage."

Il n'élabora aucun
système viable de
défense non violente,
mais, il menaça les
Japonais d'une totale
non-coopération s'ils
envahissaient l'Inde

Et contre la
bombe A ?

"Je sortirai à découvert
afin de montrer au
pilote que je n'ai
pas la moindre trace
d'animosité contre lui.
De là-haut le pilote
ne verra pas nos
visages, je le sais

Mais le désir
dans nos cœurs qu'il
ne vienne pas faire
le mal montera
jusqu'à lui et ses
yeux s'ouvriront."

Gandhi fut
assassiné en 1948.
Il fut honoré comme
un saint et comme
le père de la nation.

Son cercueil
fut placé sur un affût
de canon au cours
d'une cérémonie
pleine de pompe et
son meurtrier fut
pendu.

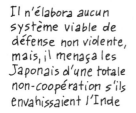

## La réponse de *Bertrand Russell*

– maître peacenik de l'Occident du
XXᵉ siècle, philosophe de renommée
mondiale, comte, iconoclaste,
prix Nobel et familier des
prisons.

Russell n'adopta pas la religion
de Gandhi, mais il pensa avec
lui que le pacifisme était juste
et sensé.①

Avant la fin de ce siècle, à moins qu'il se passe quelque chose d'absolument imprévisible, une de ces trois possibilités se sera réalisée :

1. La fin de la vie humaine, peut-être même de toute vie sur notre planète.
2. Le retour à la barbarie, suite à une diminution catastrophique de la population du globe.
3. L'unification du monde sous un unique gouvernement nanti du monopole des plus puissantes armes de guerre.

Les hommes qui pensent que la prévention de la guerre est le problème le plus urgent qui se pose à la civilisation devraient, il me semble, s'engager solennellement et publiquement à ne prendre aucune part à la guerre, quel qu'en soit le motif. Il ne va pas logiquement de soi que toute guerre soit en fin de compte nocive ; ce qui va de soi c'est : a) que la plupart des guerres sont nocives ; b) que l'éclatement de la guerre provoque une excitation qui obscurcit le jugement ; c) que personne ne peut savoir d'une guerre en cours qu'elle ne sera pas globalement nocive ; d) qu'il est donc préférable de s'abstenir de faire la guerre et de se garder de l'hystérie qu'elle engendre.

(1922)

Près de 140 000 personnes suivirent le conseil de Russell et envoyèrent des cartes postales proclamant:

Nous dénonçons la guerre.
Nous n'en soutiendrons ni n'en autoriserons jamais plus d'outre, ni directement ni indirectement.

à *Dick Sheppard,* pasteur qui fonda la *Peace Pledge Union* (PPU) foyer d'une gigantesque levée pacifiste en Angleterre dans les années trente.

La PPU soutenait que le pacifisme absolu était une politique réaliste.
Mais leur ligne d'action était plutôt vague:

* beaucoup espéraient que la PPU prendrait une telle importance
que le gouvernement se trouverait <u>obligé</u> de faire quelque chose

* d'autres (comme Aldous Huxley, l'écrivain) visaient à une
contre-culture mystique avec communes, tricot et contemplation

* la conciliation séduisit de nombreux membres de la PPU-jusqu'à
ce que le gouvernement s'y intéresse aussi - ainsi que Hitler

En 1940, quand les nazis eurent allégrement envahi la moitié de
l'Europe, Russell renonça brusquement à son pacifisme. Hitler
persuada nombre de pacifistes notoires de réviser leur opinion
et la PPU cessa pratiquement d'exister.

La Seconde Guerre mondiale rendit le pacifisme obscène.
Quand Russell resurgit à la tête du mouvement pacifiste de
l'après-guerre, son but réel n'était plus l'abolition de la guerre
(du Vietnam, p. ex.) mais de certaines armes (chimiques et
nucléaires).

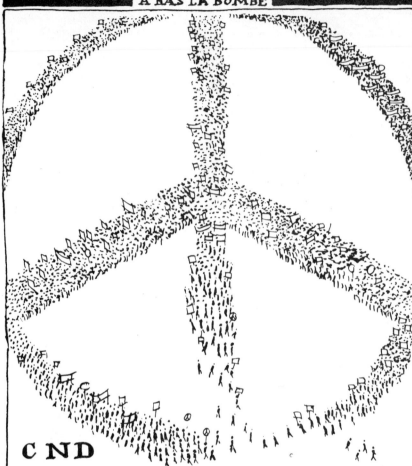

# C ND

La CND -Campagne pour le désarmement nucléaire-le plus grand mouvement populaire de ce siècle en Angleterre, fut créée en 1957, plusieurs années après que le gouvernement eut en secret acquis une bombe nucléaire.

Le noyau de la CND était une vieille coalition de pacifistes chrétiens et gauchistes, mais le gros de sa troupe ignorait l'art de manifester; ils étaient simplement indignés par l'immoralité du nucléaire ou redoutaient l'anéantissement.

De 1959 à 1961, la CND se répandit dans tout le pays, organisant des marches sur les bases nucléaires, mais en 1964 elle avait pratiquement disparu pour ne réapparaître que plus de quinze ans plus tard. *Pourquoi?*

## Quelques raisons :

Son grand projet politique - la conquête du parti travailliste - échoua.

Le congrès du parti vota, en 1960, en faveur du désarmement unilatéral, mais la résolution fut annulée l'année suivante par son aile droite.

La CND attira la "bourgeoisie radicale" mais eut peu d'effet sur la classe ouvrière.

Ses objectifs étaient confus et le mouvement se disloqua. Il se heurta à une campagne plus réduite mais plus bruyante de désobéissance civile - d'abord **Comité d'action directe**, puis **Comité des 100** - qui visait l'élargissement de la campagne pour le désarmement à la révolution non violente totale. L'opinion fut choquée de ces divagations illégales et l'organisation fut écrasée par la police.

En 1963 fut adoptée l'interdiction des essais nucléaires - en partie grâce à la pression de la CND - si bien qu'on s'alarma moins de la pollution de l'environnement. La menace de guerre se fit aussi moins pressante après la crise de Cuba.

La position de la CND en faveur du désarmement nucléaire unilatéral de la Grande-Bretagne ne fut jamais explicitement pacifiste ni neutraliste.

1. Le désarmement de la Grande-Bretagne devrait inspirer au monde admiratif une morale nouvelle ou tout au moins être un frein à la prolifération nucléaire.

2. Posséder un armement nucléaire dissuasif indépendant est un leurre parce que... il est évidemment un leurre son unique fonction est de hausser l'Angleterre au rang de superpuissance.

   ... il n'est pas indépendant - l'arsenal nucléaire britannique repose sur la technique américaine.

3. C'est pire qu'inutile parce que ça pourrait inciter les Russes à attaquer les premiers.

4. La Russie est un empire fragile et persécuté qui n'a pas la moindre envie de nous envahir.

5. L'Angleterre ne peut tout simplement pas se payer une réelle dissuasion nucléaire indépendante.

6. L'Angleterre pourrait rester dans l'OTAN sans armes nucléaires - comme le Canada - et s'appuyer sur une meilleure défense conventionnelle.

Des mouvements pour
la paix surgirent dans
toute l'Europe et la
CND reprit soudain
vie en Angleterre quand,
en 1979, l'OTAN (l'alliance
militaire occidentale)
annonça son intention
d'installer en Europe un
nouveau type d'armes
nucléaires de **théâtre**,
pour répondre au
nouvel armement
soviétique et se préparer
à une guerre nucléaire
limitée.

Beaucoup d'Européens
s'émurent de ces missiles
**Cruise** et **Pershing**
quand ils comprirent
que le "théâtre" où
il était prévu de jouer
la guerre nucléaire avait
pour décors leurs usines,
leurs cathédrales et leurs
salles à manger.

La perspective de
garder chez soi ces armes
pour que les généraux
américains les déclenchent
plus ou moins selon
leur gré parut soudain
très déplaisante.

Face à la vieille
campagne morale
éculée de la CND, une
stratégie politique mieux
calculée de riposte à
ces propositions d'armes
de théâtre commença
à s'imposer au début des
années quatre-vingt:
une sorte de neutralisme
rampant lié à un
désarmement graduel.

Le nouveau
Mouvement européen
pour le désarmement
nucléaire ①
(END) reprit l'idée de
ZONES NON NUCLÉARISÉES.
En 1956 déjà, les
Polonais avaient proposé
la création d'une zone
libre incluant les deux
Allemagnes, la
Tchécoslovaquie et la
Pologne - mais l'OTAN
ne s'intéressa pas
à cette approche
fragmentaire.

139.

" Nous devons agir ensemble pour libérer des armes nucléaires le territoire entier de l'Europe, de la Pologne au Portugal."

En avril 1980, Edward P. Thompson, un historien marxiste (pas un pacifiste), successeur de Russell à la tête de la propagande pacifiste, rédigea un

Appel pour le désarmement nucléaire européen.

(END).

Le but ultime de l'END est de *"dissoudre les alliances des deux grandes puissances"*

*"La tactique de cette campagne sera à la fois nationale et internationale. Les exigences (de chaque mouvement national) vis-à-vis de son propre État, en matière de désarmement, seront unilatérales... et ne seront entachées d'aucune notion de marchandage diplomatique.*

*Dans le contexte international, les mouvements nationaux échangeront des informations et des délégations...*
*Le mouvement encouragera une conscience européenne".*

(Aux USA, le mouvement antinucléaire, qui commença à poindre à la même époque, se centra, lui, sur une exigence de GEL des nouveaux armements). *Pourquoi toute cette agitation?* ⋙→

141

# le chapitre 5

## traite
## de la Bombe

# Ce qu'on y trouvera

Les armes nucléaires se fondent sur des principes physiques très différents de ceux des autres armes.

Nous pourrions aujourd'hui facilement effacer toute vie de la planète.

La dissuasion nucléaire n'est pas un vrai facteur d'équilibre et peut être taxée d'illogisme et d'immoralité. Mais comment se débarrasser des bombes ?

La fin du monde est proche!

Notre monde matériel solide, avec ses trois dimensions familières et son temps absolu, a été anéanti au début de ce siècle.

Apocalypse

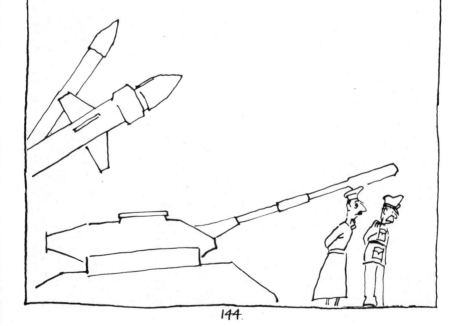

Cette totale démolition fut l'œuvre de deux articles obscurs publiés [1] en 1905 dans des journaux spécialisés par un certain Albert Einstein.

Plus on s'acharne à regarder la matière, plus elle cesse d'exister. Les particules observables les plus infimes ne sont en réalité pas des particules, mais des combinaisons. Au mieux, elles ont une "tendance à exister".[1]

En démontant l'horloge du monde de Newton, Einstein fit la découverte d'un monde d'Alice au pays des merveilles, dans lequel, selon les physiciens, nous vivons accidentellement. L'espace est courbe, le temps aussi. La matière est divisible à l'infini, sans jamais s'en trouver diminuée (puisque la matière est énergie, de nouvelles particules se créent à partir de l'énergie déployée pour diviser les anciennes).

En travaillant sur les conséquences de la révolution einsteinienne, les scientifiques découvrirent une *"force brute"*—la plus puissante que l'on connaisse au monde - que nous avions jusqu'alors allégrement ignorée. Cette force cimente le noyau interne des atomes. Donc, en un sens, elle tient ensemble l'univers physique tout entier.①

CES FAITS INQUIÉTANTS DEMEURÈRENT PENDANT QUARANTE ANS
ENFOUIS DANS LE SECRET DES LABORATOIRES. EN AOÛT 1945, UNE
DÉMONSTRATION DES POSSIBILITÉS PRATIQUES DE CES NOUVELLES
DÉCOUVERTES FUT OFFERTE AUX HABITANTS DE HIROSHIMA. UN
MINUSCULE MORCEAU D'URANIUM, LIBÉRÉ À L'AIDE DE CETTE
"FORCE BRUTE", SE TRANSFORMA EN ÉNERGIE. CENT QUARANTE
MILLE PERSONNES FURENT TUÉES PAR LE SOUFFLE DE
L'EXPLOSION.

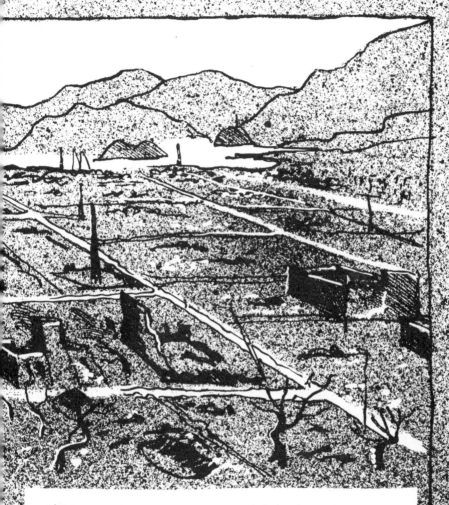

L'INSTRUMENT QUI UTILISE LA PUISSANCE ATOMIQUE POUR TRANSFORMER LA MATIÈRE EN ÉNERGIE RESSEMBLE UN PEU À UNE ARME, MAIS IL EST TRÈS DIFFÉRENT. IL Y A UNE LIMITE PHYSIQUE À LA CAPACITÉ D'EXPLOSION DES BOMBES FONCTIONNANT SELON LES LOIS DE NEWTON. LA SEULE LIMITE À LA FORCE D'EXPLOSION NUCLÉAIRE EST LA CAPACITÉ DU MONDE À EN ABSORBER LE SOUFFLE.

QUELQUES ENRAGÉS ONT DÉJÀ UNE COLLECTION LARGEMENT SUFFISANTE DE CES DRÔLES DE MACHINES POUR EFFACER TOUTE VIE DE LA SURFACE DE CETTE PLANÈTE.

Presque tout le monde s'accorde sur le fait que les armes nucléaires sont odieuses, mais pas sur les moyens d'assurer qu'elles ne seront jamais employées.

Il y a 2 positions fondamentales :

1. ON ARRÊTE D'EN FABRIQUER ET ON DIT QU'ON NE LES EMPLOIERA PAS, SANS S'OCCUPER DES AUTRES.

2. ON CONTINUE A EN FABRIQUER ET ON DIT QU'ON LES UTILISERA TANT QUE LES AUTRES NE SERONT PAS TOUS D'ACCORD POUR CESSER.

Jusqu'ici, la seconde position a prévalu.[1]

Les conservateurs (de droite et de gauche) croient en la *dissuasion armée* (c.f. p. 93) et au *désarmement multilatéral*.

Ils pensent que le *désarmement nucléaire unilatéral* serait une aberration parce que :

on ne peut pas "désinventer" les armes nucléaires. Même si toutes les bombes étaient démantelées (et il ne serait pas si difficile d'en cacher quelques-unes), elles pourraient être rapidement reconstruites, à moins d'avoir détruit aussi la connaissance technique qui est aujourd'hui à la base de notre civilisation.

Les andouilles qui désarmeraient seraient à la merci d'un constant chantage politique.

Il n'est guère "moral" de refuser d'avoir soi-même des armes nucléaires tout en comptant sur celles d'un autre (ce qui serait le cas, par exemple, de l'Angleterre si elle désarmait tout en restant à l'intérieur de l'OTAN).

Tout désarmement unilatéral pourrait renverser le fragile équilibre des forces et ainsi, très probablement, déclencher la catastrophe.

Si vous jouez tous vos atouts à l'avance, il y a peu de chances que votre adversaire en fasse autant. Le désarmement multilatéral est plus sûr pour tous.

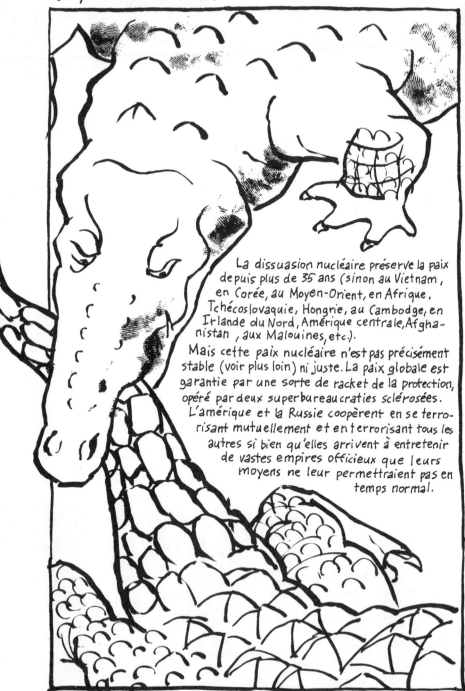

La dissuasion nucléaire préserve la paix depuis plus de 35 ans (sinon au Vietnam, en Corée, au Moyen-Orient, en Afrique, Tchécoslovaquie, Hongrie, au Cambodge, en Irlande du Nord, Amérique centrale, Afghanistan, aux Malouines, etc.).

Mais cette paix nucléaire n'est pas précisément stable (voir plus loin) ni juste. La paix globale est garantie par une sorte de racket de la protection, opéré par deux superbureaucraties sclérosées.

L'amérique et la Russie coopèrent en se terrorisant mutuellement et en terrorisant tous les autres si bien qu'elles arrivent à entretenir de vastes empires officieux que leurs moyens ne leur permettraient pas en temps normal.

Même une brave vieille grande
puissance comme l'Angleterre se sent
obligée de supporter une discrète occupation
militaire américaine. Les Américains auraient
plus de cent bases sur ses îles. En 1979,
le gouvernement anglais exprima son
impatience d'accueillir 160 missiles Cruise
que, selon le ministre de la Défense de
l'époque, les États-Unis "posséderaient
et manoeuvreraient."

Depuis la dernière guerre,
les grandes puissances
mènent presque
constament des négociations
multilatérales sur le
désarmement, avec cet
heureux résultat
que les armes nucléaires
sont aujourd'hui
interdites sur la Lune,
chez les pingouins dans
les déserts de l'Antarctique
et au fond des mers.

Tout cela nous a donné
le temps d'accumuler
au coeur des civilisations
occidentales suffisamment
d'explosifs pour pouvoir
larguer une bombe de
la taille de celle de
Hiroshima chaque jour
pendant quatre mille cinq
cents ans.

(Une bombe de 20 mégatonnes
suffirait à raser New York
en quelques secondes et à
faire de sa banlieue un
désert. On estime qu'il
y a en gros dans le monde
20 000 mégatonnes
d'explosifs
nucléaires).

Quitte ou double?

La production d'armes a été très intense au cours des quatre décennies de paix nucléaire.

Les stratèges aussi ont été très actifs - la dissuasion est un travail harassant. Pour maintenir l'équilibre nucléaire, il faut sans cesse inventer de nouveaux moyens de terroriser l'ennemi (pourquoi ? voir plus loin).

La stabilité tant vantée de la pax atomica a entraîné en fait des modifications décisives de l'armement et de la stratégie.

*Double*

*Pourquoi courir après l'homme, quand on a la course aux armements ?*

Dans les premières années de l'après-guerre, les États-Unis avaient une écrasante supériorité nucléaire (situation généralement considérée aujourd'hui comme extrêmement périlleuse).

Les gouvernements occidentaux sabrèrent dans leurs budgets de défense pour assurer une vie plus confortable à leurs citoyens et se fièrent de plus en plus à des armes nucléaires bon marché afin de décourager l'Union soviétique d'employer son armée conventionnelle, qui était plus puissante.

L'OTAN, avant même les années cinquante, s'était engagée à lancer le premier tir —si nécessaire. C'est toujours le cas.

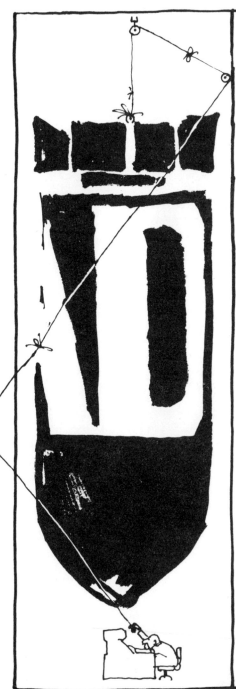

Quand les Russes commencèrent à rattraper leur retard, une nouvelle stratégie se fit jour, sous l'aimable et rassurant petit sigle:

MAD*

Destruction mutuelle assurée.

A toute attaque il serait riposté par la guerre nucléaire totale.

Selon la théorie de MAD, une fois que vous avez la capacité de détruire le quart de la population ennemie et la moitié de son potentiel industriel, ne vous souciez plus ni de l'équilibre ni des excès de la course aux armements, car une bombe plus meurtrière ne changerait pas grand-chose à la menace que vous représentez.

*Mad, en anglais, signifie aussi "fou"...

*100 000 lemmings ne peuvent pas tous se tromper.*

Mais, en pratique, cette forme de dissuasion échoua et la course à l'armement repartit pour un tour parce que :

**\*** les marchands d'armes parviennent toujours à embobiner les politiciens anxieux avec leur technologie. Avec des arguments du type "au pire des cas" ils leur prouvent qu'ils ont besoin de plus d'armes, plus sophistiquées, même s'ils peuvent déjà anéantir plusieurs fois leur ennemi.

*Monsieur, le temps que nous les détruisions 73 fois, ils pourraient nous avoir détruits 74 fois !*

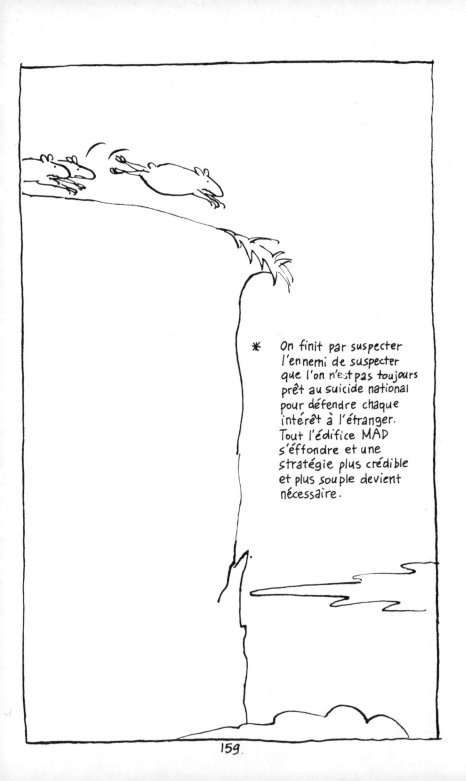

\*   On finit par suspecter
l'ennemi de suspecter
que l'on n'est pas toujours
prêt au suicide national
pour défendre chaque
intérêt à l'étranger.
Tout l'édifice MAD
s'éffondre et une
stratégie plus crédible
et plus souple devient
nécessaire.

Les superpuissances en revinrent donc à la vieille théorie de l'équilibre de la puissance, mise en pratique par deux grandes stratégies actuellement en vigueur :

la contre-force et la riposte graduée.

*La contre-force*, ouvertement avalisée en 1980 par le président Carter, il s'agit de diriger des missiles contre les installations militaires ennemies en évitant la population des villes.

Le président Reagan a publiquement évoqué l'idée d'une victoire possible dans une guerre nucléaire limitée de ce type, qui pourrait durer six mois. (Le gros écueil est qu'on ne peut pas être sûr que son propre poste de commandement restera intact pour continuer à contrôler la guerre).

_La riposte graduée_ : les armes nucléaires tactiques
ou "de théâtre" pourraient
être employées sur le champ de bataille - hors du sol
américain ou russe. Il y en a de diverses dimensions,
adaptées à toutes les provocations possibles. Implantées
en Europe dans les années cinquante, elles devinrent
l'objet de vives controverses au début des années quatre-
vingt, quand l'OTAN en annonça un nouveau contingent:
les missiles Cruise et Pershing.

Cinq sur sept des récents chefs d'État-major de la défense
britannique ont mis en garde contre TOUT usage d'armes
nucléaires qui conduirait forcément à l'escalade totale.
Les stratégies actuelles de dissuasion nucléaire semblent donc
toutes reposer sur l'idée d'une guerre nucléaire limitée, que
très peu de gens croient possible.

Les principales objections à la dissuasion nucléaire sont qu'elle est contradictoire, terrifiante et immorale.

## 1. Elle est contradictoire

La relation amour/haine des superpuissances, sur laquelle est censé reposer la paix, engendre les paradoxes suivants :

a) la dissuasion doit être IMPENSABLE mais pas INCROYABLE

Soit
on admet que
la bombe
<u>ne peut pas être utilisée</u> et
alors elle est finalement mise
au <u>rencart</u>, soit la dissuasion
réussit si longtemps qu'elle finit
par perdre sa crédibilité
et ainsi donc échoue.

Il faut alors inventer de nouveaux
moyens de terroriser l'ennemi-mais
il ne faut pas trop bien réussir
parce qu'un déséquilibre pourrait
le pousser à attaquer le premier,
avant qu'il ne soit trop tard.

Des deux côtés, il faut
être imprévisible mais
respecter l'équilibre.
Il n'est pas très
surprenant que les
négociations sur
le désarmement
aboutissent
rarement.

b) le système dépend d'hommes SENSÉS agissant de manière INSENSÉE

Pouvez-vous être sensé et cependant calciner des millions de civils sans défense, sachant que cela n'empêchera en rien l'anéantissement de votre propre population?

Si vous n'avez pas l'air assez fou pour faire cela (c.-à-d. lancer un raid de représailles) votre dissuasion est sans effet.

Nous ne pouvons que nous demander si nos dirigeants sont sensés et font semblant d'être insensés, ou s'ils sont insensés et font semblant d'être sensés ou encore, peut-être, s'ils font semblant de faire semblant d'être insensés.

En fin de compte, la dissuasion nucléaire n'est pas une simulation, c'est un affrontement intellectuel entre des politiciens avides, avec pour enjeu l'avenir de la planète.

Rejouissez-vous, nous venons
vous délivrer de la tyrannie!

Salut

c)

on défend les valeurs
DÉMOCRATIQUES en menaçant
d'extermination des MILLIONS
DE VICTIMES INNOCENTES de
l'exécrable système adverse.

La bombe n'est pas précisément
fraternelle · ni compatible
avec l'ouverture
démocratique.

Le colossal budget anglais,
de 1000 000 000 £, fut tenu
secret pendant des années, à
l'abri de la curiosité des
contribuables. Et le débat
au Parlement de 1980 sur
les missiles TRIDENT fut le
premier en quinze ans.

*Nous avons de bonnes nouvelles pour vous, nous nous apprêtons à riposter*

## d)

la dissuasion repose sur le fait d'être SANS DÉFENSE

A l'ère nucléaire, les gouvernements ont renoncé à ce qu'ils avaient toujours proclamé comme leur plus haute responsabilité : la protection de leurs sujets contre l'agression.

Les politiciens construisent pour eux-mêmes et pour leurs soldats de profonds bunkers. Les citoyens ordinaires sont les otages sans défense de la guerre nucléaire.

RIEN n'empêchera un ennemi de nous anéantir si l'envie lui en vient. Aucune protection civile adéquate n'est prévue. Elle serait, dit-on, soit d'un coût impossible à envisager, soit trop dangereuse - parce qu'elle compromettrait le fragile équilibre de la terreur et risquerait de nous attirer une attaque préventive avant que nous ayons eu le temps de nous rendre invulnérables.

*Gouvernement du peuple par le peuple sans le peuple*

# 2. Elle est terrifiante...

Encore une erreur d'ordinateur ?

— elle pourrait se déclencher par accident.

— le fait de posséder des armes nucléaires donne à l'ennemi une raison de plus de vouloir vous éliminer.

— jusqu'où se fier à ses propres politiciens quand ils manipulent des mégatonnes de mort dans leurs bunkers en se faisant passer pour fous ?

*Oui, oui, très bien Monsieur.*
*Je crois que l'ennemi a compris*
*le message. Monsieur, MONSIEUR !*

## L'ennui avec l'argument de la peur est que:

a) les autres solutions sont tout aussi terrifiantes. La défense non nucléaire peut être plus sûre et même plus économique (ce qui reste à prouver), les Rouges peuvent ne pas vouloir nous écraser, il reste que le désarmement unilatéral ferait de nous une stupide cible béate. Rien ne garantit que notre haute moralité contaminera des peuples plus hargneux.

Messieurs, l'heure est venue d'un geste d'immoralité exemplaire—symbolique de l'inhumanité de l'homme envers l'homme.

b) l'argument de la peur permet à l'égoïste de paraître brave.

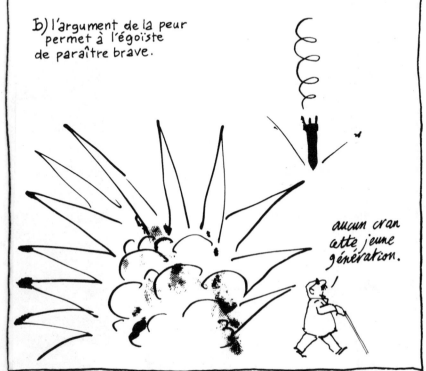

aucun cran cette jeune génération.

# 3. Elle est immorale

*Ah non, parce que nous ne voulons absolument pas l'utiliser, seulement menacer de le faire*

Mais nous l'avons déjà utilisée - deux fois.

Elle pourrait partir accidentellement

La moralité des gouvernements est toujours teintée d'intérêt national. La vie d'un groupe de civils a-t-elle plus de valeur que celle d'un autre selon qu'ils sont d'un côté ou de l'autre d'une frontière?

*Bien sûr: la bonne Renommée, vaut mieux que cinq Turcs dorés.*

Les gens qui disent qu'ils ne l'utiliseraient jamais demandent eux-mêmes à n'être pas crus sinon ce serait un MOYEN DE DISSUASION SANS VALEUR.

L'argument moral dit:

l'usage de la bombe - accidentel ou délibéré - serait d'une immoralité absurde. Quelle valeur de civilisation pourrait-on défendre, en effet, en réduisant en cendres et en torturant à mort des millions d'habitants ordinaires d'un autre pays?

Cela démolirait la théorie de la guerre juste, mais plus encore, selon l'apôtre de la paix Jonathan Schell, ce serait provoquer un danger réel d'anéantissement de toute vie sur la planète (à cause de l'escalade, puis du désastre écologique).

En d'autres termes, ça ne balayerait pas seulement nos ennemis, nos amis, nous-mêmes, les spectateurs ahuris (pour qui notre conflit idéologique avec des Russes, tout aussi blancs et riches que nous, pourrait être incompréhensible), pas seulement les animaux, les plantes et les beautés du monde, mais aussi nos convictions et nos idéaux et toutes les créatures et les idées à venir qui n'auraient aucune chance de voir le jour.

Ce n'est plus la mort, c'est une double mort, la mort de la mort même.

Réfléchissez-y

# Questions:

UNIVERSALITE + SACRIFICE → PAIX

OK ? alors, quelle universalité ?

Au rythme actuel, chacun possédera bientôt les moyens d'éliminer tous les habitants de la terre.

Il devient de plus en plus difficile d'éliminer son ennemi sans s'éliminer soi-même (cela vous rappelle-t-il la doctrine du Karma - page 31 ?).

N'avons-nous en commun que la perspective universelle de l'anéantissement ?

La poursuite de la puissance matérielle nous a conduits aujourd'hui au bord du gouffre de l'impuissance totale et de la double mort (cela vous rappelle-t-il le paradoxe du pouvoir page 26 ?).

La paix est-elle possible sans sacrifice ?

Quel sacrifice ?

Où sont les réponses ?

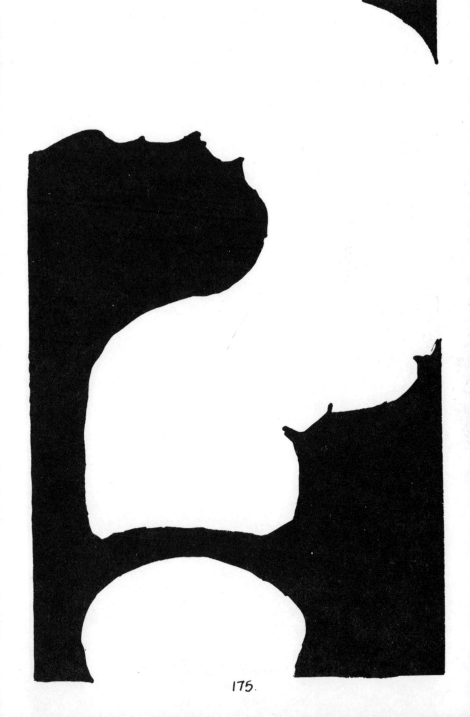

175.

# Conclusion

Tirez la vôtre

# ma conclusion toute personnelle

En commençant ce livre, je ne savais vraiment pas ce que je pensais du pacifisme ou de la bombe. Ce n'est qu'après l'avoir écrit en grande partie que j'en suis venu à cette conclusion :

* le monde est au bord de l'abîme

* une politique sans compromis ou pacifiste à la lettre non seulement nous isolerait trop, mais viendrait trop tard pour nous sortir de ce gâchis.

* le seul espoir est de trouver une forme de puissance spirituelle fondée sur l'unité première du monde dont parlent les religions.

* il peut paraître outré de dire que le moyen existe aujourd'hui d'expérimenter directement l'énergie vitale fondamentale - l'influx vital qui produit et anime toute chose dans le monde. C'est pourtant vrai.

* en se concentrant sur cette énergie, on peut prendre conscience comme d'un fait (pas d'une théorie) qu'on ne peut ni tuer ni être tué par quelqu'un d'autre, puisque le moi essentiel <u>est</u> tout un chacun dans le monde.

* Ishvara, le maître qui dispense cette connaissance est le Messie de notre temps (il le prouve). L'avenir de la planète est entre ses mains. Je sais que je peux faire beaucoup pour la paix et l'humanité en me mettant à son service.

N.B. Ce livre ne doit pas être considéré comme représentatif de l'enseignement d'Ishvara. (Après tout, ce n'est que la Paix pour débutants !).

# NOTES ET SUPPLEMENT

# DES RAISONS DE SE BATTRE

La non-résistance totale est absurde et impossible.
Le pacifisme absolu est légaliste.
Il implique de sacrifier en même temps que soi-même
ceux qui sont sans défense.

L'amour peut conduire à blesser ou à tuer d'autres
êtres pour leur propre bien ou pour un bien plus grand.

En réalité, la mort n'existe pas, il n'est donc pas
nécessairement terrible de tuer quelqu'un d'autre,
sachant qu'en fait il est vous-même (parce que
Tout est Un).

La violence n'enchaîne pas à l'illusion du monde
matériel si vous possédez le détachement
intérieur et l'altruisme.

Tuer peut être le moindre de deux maux.

Une défense solide est, dans un monde imparfait,
nécessaire à la paix et à la stabilité.

Une politique non violente n'est pas moralement
pure, puisqu'elle implique la coercition - et elle
échoue presque toujours à la longue.

Le désarmement multilatéral est l'unique moyen de
désamorcer sans risques la tension.

Les faibles et les corrompus devraient être éliminés.

C'est marrant de se battre.

# DES RAISONS DE NE PAS SE BATTRE

Tu ne tueras point.

Tends l'autre joue.

Tu ne peux pas aimer celui que tu as
l'intention d'étriper.

La violence est autodestructrice. Vous ne pouvez
nuire qu'à vous-mêmes puisqu'en réalité il n'y a aucune
coupure entre vous et le reste du monde.

La violence enchaîne l'âme à la matière.
La violence masque la vérité.

"Que l'homme surmonte la colère par l'amour" (Bouddha).

"Se battre pour la paix est comme forniquer pour la virginité" (anon).
"Il n'y a pas de voie vers la paix, la paix est la voie" (A.J. Muste).

La non-violence peut être efficace en politique.
"L'unique organisation qui ait fait un bide pire
que celle de la non-violence est celle de la
violence" (Joan Baez).

La guerre ne vaut pas la peine - au bout du compte la
perte est toujours supérieure au gain.
La guerre moderne viole obligatoirement le code de la
guerre juste.
La guerre moderne est capable de détruire la planète.

La guerre ne profite qu'à la classe exploitante.

Garde tes balles pour l'Armageddon de Dieu.

# Guide abrégé des groupes

| PHILOSOPHIE | GROUPE | MOTIVATION |
|---|---|---|
| NON-RESISTANCE | | |
| ↑ | | |
| Pacifisme | Jains<br>Bouddhistes<br>Moines chrétiens<br>Eglise primitive<br>Anabaptistes, etc.<br>Tolstoï, etc. | quête religieuse<br>de la paix<br>intérieure |
| Non-violence | Quakers<br>Gandhi<br>Peace Pledge Union<br>Russell<br>Premiers socialistes<br>Radicaux<br>Hippies | quête<br>de la paix<br>sur terre |
| Défense | END<br>CND<br>Marxistes<br>Libéraux<br>Conservateurs | auto-défense |
| Militarisme | Impérialistes<br>Fascistes | évolution<br>passion |
| ↓ | | |
| AGRESSION | | |

182

# *et de leur politique*

| STRATEGIE | RÉACTION À LA FORCE | RÉACTION À LA "BOMBE" |
|---|---|---|
| Ahimsa<br>non-résistance +<br>rejet de la puissance<br>matérielle<br>anarchisme | *aucune résistance* | |
| réforme sociale<br>satyagraha<br>conciliation<br>internationalisme<br>isolationnisme<br>féminisme etc.<br>flower-power | *aucune violence* | désarmement<br>unilatéral |
| neutralisme<br>manifestations<br>révolution<br>réformisme<br>centralisation | *défense limitée*<br>*défense vigoureuse* | désarmement<br>multilatéral |
| expansion<br>conquête | *offensive* | aucun<br>désarmement |

# NOTES

## CHAPITRE I
## DE LA NATURE

**Page 9. L'agression.** (1) Sigmund Freud voyait en l'agression une perversion de l'instinct de mort, essentiellement auto-destructive.

(2) Lisez *L'Agression* de Konrad Lorenz lui-même (Flammarion) — il écrit bien. Irenaus Eibl-Eibesfeldt couvre bien le sujet dans *Ethologie. Biologie du comportement* (Calmann-Lévy.)

**Page 12. La Maîtrise de l'agressivité.** Les éthologues ont identifié des freins naturels à l'agressivité, mais aussi des techniques artificielles :
*a)* Génétique : des scientifiques ont produit d'aimables souris qui, même élevées dans des familles agressives, demeurent pacifiques. Certains pensent qu'on pourrait résoudre le problème de la guerre par la manipulation génétique de l'espèce humaine.
*b)* Education : on peut enseigner à des coqs agressifs à devenir dociles. Les humains sont beaucoup plus éducables encore.
*c)* Chimie et chirurgie : dans son livre *Janus* (Calmann-Lévy), Arthur Koestler dit que le seul espoir pour l'homme pourrait être de corriger son dérèglement biologique grâce à un médica-ment, pour obtenir une meilleure coordination entre son « vieux » cerveau instinctuel et son jeune (en termes d'évolution) cerveau pensant.
*d)* Substituts à l'agression : les scientifiques qui pensent que l'agressivité est innée ont tendance à placer leur espoir dans sa canalisation vers des activités inoffensives, telles que le jeu.

**Page 16. La guerre.** Pour une vision assez donquichottesque de l'origine de la guerre (et autres sujets), essayez *Cannibales et monarques* de Marvin Harris (Flammarion).

**Page 17.** *Les humains sont-ils seulement des animaux ?* Il y a de grandes similitudes physiques entre les hommes et les animaux (par exemple dans la structure ADN des gènes). Dans un livre provocateur, *Le Gène égoïste* (Mengès), Richard Dawkins émet l'hypothèse que les humains ne sont que les instruments sophistiqués de survie des gènes. Desmond Morris (comme beaucoup d'autres) se plaît à démontrer qu'en termes behaviouristes un humain n'est en fait qu'un *Singe nu* (Grasset). Il y a cependant d'évidentes différences. Notamment, les humains ont une culture élaborée qui leur permet un semblant de liberté de choix.

## CHAPITRE II
## DE LA RELIGION

**Page 23. Monothéisme.** Pour avoir le point de vue d'un historien sur l'évolution de la religion et de la civilisation, consultez *L'Histoire* d'Arnold Toynbee (Bordas). Selon Toynbee, Yahvé, qui devint Dieu le père de tous les hommes après avoir évincé tout le panthéon classique, ainsi que des dieux très respectés tels que Mithra, Cybèle et Isis, avait une origine historique très humble : c'était l'esprit d'un volcan aride.

**Page 24-5. Philosophie indienne.** Le mieux est de puiser aux sources : *Bhagavad Gita, Upanishads* ou *Shrimad Bhagavatam*. *L'Hindouisme* de R.C. Zaehner (Desclée de Brouwer) est une étude académique classique.

**Page 30. Bouddhisme.** Je me suis appuyé sur le livre de Nancy Wilson Ross : *Trois voies de la sagesse asiatique*

(Stock) pour me frayer un chemin dans la confusion des écoles bouddhistes. Pour une vision nouvelle de la sagesse bouddhiste, essayez *Bienheureuse Insécurité* d'Alan Watts (Stock), un livre d'inspiration plutôt hippie, mais étincelant. Le *Dhammapada* est un court recueil classique d'aphorismes bouddhistes.

**Page 37.** A cause de la réincarnation.

**Pages 41-2.** Tout cela est inspiré du récit biblique. Les répliques de Jésus sont des paraphrases du Nouveau Testament — particulièrement du Sermon sur la montagne. Voir plus loin pour les références.

**Pages 42-3.** (1) Matt. 22, 21. (2) Simeon et Matthieu. (3) Matt. 5, 41. (4) Jean 16, 36. (5) Luc 17, 21. (6) Matt. 13, 33. (7) Matt. 5, 44. (8) Matt. 5, 10-12.

**Pages 44-5.** (1) Matt. 5, 48. (2) Matt. 16, 24. (3) Matt. 16, 26. (4) Matt. 6, 24. (5) Matt. 6, 31. (6) Matt. 6, 33. (7) Deutéronome 32, 42. (8) Jean 3, 16. (9) Jean 15, 12.

**Pages 46-7.** (1) Matt. 26, 51. (2) Luc 22, 36. (3) Matt. 8, 5. (4) Jean 2, 15. (5) Matt. 10, 34. (6) Matt. 26, 52. (7) Matt. 5, 9. (8) Matt. 5, 39. (9) Matt. 5, 39. (10) Jean 14, 27.

## CHAPITRE III
## DE LA POLITIQUE RELIGIEUSE

**Page 59.** C'est dans *Lettre à un hindou* que Tolstoï expose son pacifisme extrémiste. Mais le plus célèbre manifeste anarcho-pacifiste est la *Désobéissance civile* de Henry Thoreau.

**Page 60.** Les sectes pacifistes sont généralement issues de communautés rustique pauvres.

**Page 69.** L'Église catholique s'oppose toujours au pacifisme absolu (certains catholiques ont cependant été de bruyants partisans de la paix, Thomas Merton, par exemple, est très éloquent sur la paix dans *Foi et violence*).

**Page 72.** Cf. l'Épître de saint Paul aux Romains (13 ; 1-7).

**Page 74.** Thomas d'Aquin (XIIIᵉ siècle) poussa encore plus loin qu'Augustin l'intégration des doctrines antiques et chrétiennes. Il s'appuya sur Aristote (plutôt que sur Platon comme Augustin) et conçut une théorie très positive du pouvoir politique. Il affina aussi le code de la guerre juste d'Augustin (ce qui en est ici exposé résulte de l'amalgame de divers codes).

**Page 79. Croisade.** Le dualisme augustinien (séculier/spirituel) servit de base théorique à un système de vocations, mais en identifiant l'Église à l'entière communauté il servit aussi à justifier les croisades.

**Page 82.** Newton lui-même n'avait pas une vision platement mécaniste du monde (Dieu tenait une place importante dans son système), mais ceux qui avaient cette vision simpliste adaptèrent très aisément ses théories.

**Page 83.** Le philosophe Hegel soutenait que l'État n'était pas seulement la condition nécessaire du bien-être, mais qu'il était aussi créateur de valeurs, qu'il n'y avait donc pas de moralité hors de l'État. « Rien contre l'État ; rien hors de l'État, tout pour l'État », comme l'interpréta Mussolini un peu plus tard.

**Page 87.** Selon Robin Clarke, dans *La Course à la mort ou la technocratie de la guerre* (Seuil), les désastres de la guerre se sont nettement accrus depuis le début du XIXᵉ siècle. Il dit que 9 % de la population ont été tués par la guerre, au cours de ce siècle. 13 % des morts de la

Première Guerre mondiale, 70 % des morts de la Seconde Guerre mondiale et 90 % de ceux de la guerre du Viêt-nam étaient des civils. Les seuls survivants d'un holocauste nucléaire ne seraient peut-être que les militaires de carrière.

# CHAPITRE IV
## DE LA POLITIQUE SÉCULIÈRE

**Page 93. Dissuasion.** (1) Se fondant sur l'étude de tribus primitives, Raoul Naroll affirme (contre la théorie de la dissuasion) qu'une plus grande préparation à la guerre ne réduit pas la fréquence des guerres — mais aussi que les cultures qui sont prêtes à se battre survivent mieux, et que les contacts internationaux n'augmentent pas beaucoup les chances de paix. On trouvera un résumé de ses conclusions dans l'intéressant pot-pourri de Boulding, *Économie de paix.*

**Pages 104-5. Marxisme.** Commencez, bien entendu, par *Marx pour débutants, Lénine pour débutants* et *Trotsky pour débutants.*

**Page 109. Gandhi.** Plusieurs ouvrages sont actuellement disponibles :
— G. Gold et R. Attenborough, *Gandhi, biographie illustrée* (Presses de la Cité). S. Panter-Brick, *Gandhi contre Machiavel* (Denoël). S. Lassier, *Gandhi et la non-violence* (Seuil). *Gandhi et Martin Luther King. Des combats non violents* (Cerf). K. Mashrouwala, *Gandhi et Marx* (Denoël).

**Page 110.** *Ma non-violence,* de M.K. Gandhi (Stock) est à lire absolument.

**Page 127.** Si ce livre tient peu compte de la contribution des femmes à la paix, c'est qu'il est difficile de dégager une ligne pacifiste explicite spécifiquement féminine. C'est peut-être en train de changer. Certaines pacifistes font aujourd'hui l'essai de techniques féministes de politique non violente. (Par exemple l'exclusion des hommes des manifestations pacifistes de Greenham Common en 1982-3 contre les Cruise.)

**Page 130.** Le pacifisme de Russell était assez opportuniste. En 1948, il pensait que les États-Unis devraient menacer d'utiliser leur écrasante supériorité nucléaire contre l'Union soviétique si la Russie ne coopérait pas à la mise en place d'un gouvernement mondial.

# CHAPITRE V
## DE LA BOMBE

**Page 145. La science.** Einstein a eu peu à voir avec la bombe en tant que telle. Voyez *Einstein pour débutants.*

**Page 146.** Fritjof Capra parle des confondantes propriétés de la matière dans *Le Tao de la physique* (Sand et Tchou).

**Page 147. Le débat sur le désarmement.** *Le Destin de la terre* de Jonathan Schell (Albin Michel) est une brochure assez verbeuse mais réellement alarmante sur les dimensions de l'holocauste nucléaire et sur les désastres qu'il entraînerait.

**Page 150.** Si vous ne savez que penser de la bombe, commencez par lire *Le Nucléaire pour débutants* et enchaînez avec *Le Mirage nucléaire* de George Kennan (chez le même éditeur).

# Si vous voulez en savoir davantage *...

## 1. Connaître la guerre et les armements...

— COLLECTIF, *Eviter la guerre ? Réponses à quelques questions sur les risques de guerre,* sous la direction de Philippe LACROIX. Contribution de J. SAPIR, M. THEE, A. JOXE, A. SANGUINETTI, C. MELLON, M. SENE, Y. LE HENAFF, J. KLEIN, S. MANTRANT, PCM, 1983, 312 p.

Sous une forme claire et synthétique, les réponses à quatorze questions courantes : menace soviétique, doctrines stratégiques, rôle des Etats-Unis dans la défense de l'Europe, efficacité de la force de dissuasion française, risques et conséquences d'une guerre nucléaire, négociations Est-Ouest, mouvements de paix.

— B. DE LAUNAY, *Le poker nucléaire,* Syros, 1983, 240 p.

Les faits, les chiffres, les caractéristiques des armes : tout ce qu'il faut pour comprendre les débats sur les problèmes stratégiques et les négociations.

— Revue GYROSCOPE, *Course aux armements, contrôle des armements,* n° 4-5 (été-automne 1983) de la revue du GRIP (Groupe de recherche et d'information sur la paix, 22, av. du Maréchal-Foch, 1030 Bruxelles), 244 p.

Il s'agit de la traduction de l'annuaire 1983 du SIPRI de Stockholm, ce fameux Institut dont les publications servent de référence pour connaître l'évolution de la course aux armements. Une mine de chiffres et de données. Plus complet, mais moins pédagogique que les deux ouvrages précédents.

— J. FONTANEL, *L'économie des armes,* coll. « Repères », La Découverte/Maspero, 1983, 128 p.

Bref, précis, pédagogique : une sorte de « Que sais-je ? » sur la course aux armements du point de vue de ses *coûts* et de ses conséquences sur l'économie.

## 2. La paix : approches éthiques, anthropologiques, religieuses, philosophiques

— UNESCO, *Paix sur la terre, anthologie de la paix,* Publications de l'UNESCO, Paris, 1980, 236 p.

De Hésiode à Paul VI, 150 textes brefs sur la nature de la paix, ses conditions, la manière d'en assurer la construction.

— Bernard BENSON, *Le livre de la paix,* Fayard, 1980, 210 p.

Une idée simple : la terre peut être sauvée de la guerre atomique par le rassemblement de tous ceux qui ne veulent pas se faire tuer, et notamment les enfants. Un graphisme simple aussi, au service d'une parabole qui a touché un très large public.

— Gaston BOUTHOUL, *La paix,* coll. « Que sais-je » ? PUF, 1974.

Le fondateur de la « polémologie » (science de la guerre) fournit un bon panorama des différentes manières de concevoir la paix, de la définir et de la rechercher.

---

* Bibliographie établie par Christian Mellon.

— Jacques SEMELIN, *Pour sortir de la violence,* Editions ouvrières, Paris, 1983, 202 p.
Les fondements anthropologiques (notamment psychologiques) d'une conception du conflit humain qui permettrait de viser la paix sans illusion sur l'agressivité de l'homme. La non-violence active est une « combativité » qui peut fournir une alternative à la violence des armes.

— Robert BOSC, *Evangile, violence et paix,* Centurion, 1975, 132 p.
D'utiles clarifications des notions de « violence » et « paix » précèdent l'approche proprement chrétienne, très éclairante même pour des non-chrétiens.

— Christian MELLON, *Chrétiens devant la guerre et la paix,* Centurion, 1984, 200 p.
Essentiellement un livre informatif : comment se posent aujourd'hui les problèmes de défense ? Quelle est la tradition chrétienne à leur sujet ? Quels sont les positions en présence, notamment sur la dissuasion nucléaire ?

## 3. Mouvements de paix, désarmement nucléaire

— Claude DELMAS, *Le désarmement,* coll. « Que sais-je ? », PUF, 1979, 128 p.
Historique des efforts entrepris depuis un siècle pour désarmer, puis pour contrôler la course aux armements.

— Jonathan SCHELL, *Le destin de la terre,* Albin Michel, 1982, 260 p.
Description précise et réaliste de la menace nucléaire. Le désarmement nucléaire comme exigence de survie de l'humanité.

— Institut français de relations internationales, *Pacifisme et dissuasion,* sous la direction de P. LELLOUCHE, IFRI (6, rue Ferrus, Paris XIVᵉ), 1983, 330 p.
Un ensemble de contributions bien argumentées sur les mouvements dits « pacifistes » (en fait, il s'agit des mouvements d'opposition aux armes nucléaires) en RFA, Grande-Bretagne, Pays-Bas, Scandinavie, Italie, France. La perspective d'ensemble est plutôt hostile à ces mouvements.

— Edward THOMPSON, *L'exterminisme, armement nucléaire et pacifisme,* PUF, 1983, 318 p.
Traduction d'un ouvrage anglais fournissant les éléments d'un débat politique et théorique à l'intérieur du mouvement de la paix européen : avec Etienne BALIBAR, Rudolf BAHRO, Roy et Jaurès MEDVEDEV, Noam CHOMSKY.

— Dieter S. LUTZ, *La guerre mondiale malgré nous ? la controverse des euromissiles,* coll. « Cahiers libres », La Découverte/Maspero, 1983, 320 p. (traduit de l'allemand par Philippe Lacroix).
Très technique et très précis, l'argumentaire d'un spécialiste hostile à la décision de l'OTAN sur les euromissiles.

— Jean-Pierre CATTELAIN, *L'objection de conscience,* coll. « Que sais-je ? », PUF, 1975, 128 p.
Ce livre n'est que très partiellement périmé par le vote de la loi de 1983 sur l'objection de conscience. L'historique reste une très bonne présentation du problème dans ses diverses dimensions : sociales, religieuses, politiques.

— Michel AUVRAY, *Objecteurs, insoumis, déserteurs, histoire des réfractaires en France,* Stock 2, 1983, 440 p.
Une histoire complète et bien documentée de ceux qui, en France, se sont sous-traits au « service » des armes pour dire non à la guerre ou refuser les contraintes de l'appareil militaire.

— Nicole BERNARD et Danielle LE BRICQUIR, *La colombe et l'encrier,* Syros, 1983.
Comment enseigner la paix ? Comment éduquer à la paix ? Premières réflexions sur la pédagogie de la paix.

— Odette THIBAULT, *Non à la guerre... disent-elles,* coll. « L'essentiel », Chronique sociale, Lyon (7, rue du Plat), 1982, 180 p.
La position pacifiste radicale argumentée à partir d'un engagement féministe non moins radical.

— George F. KENNAN, *Le mirage nucléaire,* La Découverte, 1984, 264 p.
Une lecture indispensable pour tous ceux qui cherchent à mieux comprendre les enjeux et les dangers de la course aux armements.

## 4. Non-violence

— R. PAYNE, *Gandhi,* Seuil, 1972.
Une bonne biographie.

— LASSIER Suzanne, *Gandhi et la non-violence,* coll. « Maîtres spirituels », Seuil, 1970, 190 p.
Pour une première approche, l'essentiel sous un faible volume.

— Lerone BENNETT, *L'homme d'Atlanta, Martin Luther King,* Casterman, 1968, 252 p.
Pour le moment, la seule biographie de King en français.

— Jean TOULAT, *Combattants de la non-violence,* Cerf, 1983, 232 p.
Trois exemples contemporains de non-violence active en France : Lanza del Vasto et la communauté de l'Arche, la lutte des paysans du Larzac, le général de Bollardière.

— Mouvement pour une alternative non violente (MAN), *Une non-violence politique,* 1981, MAN (20, rue du Dévidet 45200 Montargis), 128 p.
L'essentiel des analyses et des propositions du principal mouvement non violent français.
*Se défendre sans se détruire,* MAN, 1983, 60 p.
Présentation succincte de la défense populaire non violente comme alternative à la défense armée.

— Jean-Marie MULLER, *Stratégie de l'action non violente,* coll. « Points politiques »,
Seuil, 1981, 256 p.
Un « classique » de la non-violence : la meilleure présentation d'ensemble des
possibilités de l'action non violente dans ses diverses formes.
*Le défi de la non-violence,* Cerf, 1976, 172 p.
Un livre-interview, facile à lire : une excellente introduction à la problématique
des non-violents d'aujourd'hui en France.

— NON-VIOLENCE POLITIQUE, *Résistances civiles et défense populaire non violente,*
NVP (20, rue du Dévidet, 45200 Montargis), 1983, 100 p.
De la lutte des Hongrois contre l'Empire autrichien jusqu'à celle des Tchèques
contre l'occupation soviétique, vingt exemples historiques de résistances populaires
non armées. Dossier bien illustré, facile à lire.

## Appendice

La revue *Alternatives non violentes* a publié des dossiers sur certains des thèmes
couverts par cette bibliographie. Notamment :

— N° 34, *Désobéissance civile,* un entretien avec Johann Galtung, l'un des fondateurs
de la « recherche sur la paix ».

— N° 38, *Violences banales.* La guerre commence-t-elle à la fessée ? Comment rituali-
ser notre agressivité ? Quels sont les fondements psychiques et sociologiques d'une
paix qui ne nie pas l'agressivité ?

— N° 43, *Le nouveau mouvement de paix.*

— N° 44, *Les voies du désarmement.*
Deux numéros qui permettent de mieux comprendre ce qui se passe dans les opinions publiques européennes et dans les forums de négociation.

— N° 48, *Guerres saintes, guerres justes.*
Pour comprendre les positions des chrétiens sur la paix et la dissuasion nucléaire.

*Alternatives non violentes :* Craintilleux, 42210 Montrond.
Le numéro : 15 F (jusqu'au n° 44 inclus), puis 18 F.

Achevé d'imprimer le 21 mai 1984
sur les presses de Jugain Imprimeur S.A.
à Alençon (Orne)
N° Imprimeur : 840231
Dépôt légal : mai 1984
1er tirage : 1 000 exemplaires
ISBN : 2-89052-093-5